青春文庫

1秒で覚える
カタカナ語のスゴいあんちょこ

知的生活追跡班[編]

青春出版社

はじめに

近頃、日常会話やビジネス文書などで使われる「カタカナ語」が、ますます増えています。今や、日本人同士が円滑にコミュニケーションをとるためにも、カタカナ語に関する正確な知識が、以前にまして必要になっているといっていいでしょう。

むろん、カタカナ語を乱用すると、知識をひけらかしているようで、鼻白まれることもありえます。「自らは乱用しない」ことは、大人の日本語を使う者の心得のひとつといっていいかもしれません。

ただ、コミュニケーションの相手がカタカナ語を多用し、ビジネス文書などにカタカナ語が並ぶ現状をみれば、その正確な意味や表記・発音、あるいは会話の中での使い方を知っておかないと、何かと不都合が生じるのも間違いのないところです。

そこで、本書の出番です。この本では、カタカナ語の意味や用法、日本語との言い換えなどに加えて、そこにひそむさまざまな「落とし穴」を紹介しました。今、カタカナ語は、日本語のなかでも「もっとも誤用しやすい言葉」だからです。

たとえば、あなたは、「エキシビジョン」「ハイブリット」「ファンタジック」などと表記・発音してはいないでしょうか？　いずれも微妙に間違っているのですが、どこがどう間違っているかは、後ほど本文でご紹介いたします。

そもそも、カタカナ語が間違いやすい原因は、まだ新しい言葉であり、変化しやすいことにあります。たとえば、政府の審議会や新聞社・放送局などは、近年、カタカナ語の表記・発音を「もとの言語の発音になるべく近づける」ことを基本方針にしています。そのため、アタッシュケースはアタッシェケース、ナフタリンはナフタレンに変化しています。また、「もとの言語で、はっきり発音しない『ッ』ははぶく」という方針のもと、ココナッツはココナツ、ルネッサンスはルネサンスと表記・発音されるようになっています。

というように、「間違いやすい」ところもますます増えているのが、昨今のカタカナ語の世界です。ちょっとカッコいい言葉を使おうとして、誤用し、恥をかいては、元も子もありません。

そこで、本書では、「大人なら知っておきたいカタカナ語」、「今さら意味を聞くのは恥ずかしいカタカナ語」を集め、その正しい使い方を紹介しました。知らない言葉を聞いたら、まずは本書でチェック。ぜひ、手元においてカタカナ語の「あんちょこ」としてお役立てください。

2023年9月

知的生活追跡班

Step1
新しい時代の新しいカタカナ語

Step2
大人の常識力が一瞬で問われるカタカナ語……43

Step3

「政治」「経済」は、カタカナ語の理解がカギになる

Step4 このカタカナ語には、知性と教養のにおいがする

DTP◉フジマックオフィス

Step 1

新しい時代の新しいカタカナ語

インパクト強めのキーワード

□スマートフォン・ゾンビ……英語の俗語で「歩きスマホ」のこと。スマホを持った腕を前に突き出し、のろのろと歩く姿をzombieにたとえた言葉。

□カレンダー・ジャーナリズム……大災害や大事故から何年目というような「記念日」にだけ、関連ニュースが大きく報道されること。熱しやすく冷めやすく、そして、ときどきは思い出すマスコミのありようを批判的に表現する言葉。

□エリートパニック……災害時などに、一般大衆がパニックを起こすのではないかと恐れ、エリート層（政府などの指導層）自身がパニックを起こす状態。そうして起きる過剰反応が、災害そのものよりも、社会に重大な悪影響を与えることを表しています。

□**スモーキング・ガン**……決定的な物証。人を撃ち、まだ煙の出ている銃を手にしていたり、そうした銃が目の前にころがっているような状況という意味。

□**スワンソング**……人生最後の作品。白鳥は生涯鳴かないが、死ぬ間際に美しい歌を歌うというヨーロッパの伝承に由来する語。「この作品が彼のスワンソングとなった」など。

□**ジャイアント・キリング**……番狂わせ。直訳すると、「巨人を倒す」という意味。2015年秋、ラグビーのワールドカップで、侍ジャパンが南アフリカを破ってから、耳にする機会が増えた言葉。

□**ホワイト・エレファント**……無用の長物の代名詞。かつて、シャム（現在のタイ）の王が、失脚させたい臣下に対し、白ゾウを贈ったという故事に由来する言葉。王から贈られたゾウであれば、ことさら大事に飼育する必要があり、多大な経費がかかったことから、無用の長物という意味が生じました。

□**バケットリスト**……死ぬまでにしたいことを書き留めるリストのこと。「バケット」はバケツのことで、「バケツを蹴る＝死ぬ」という意味の英語の慣用句に由来する語。

〝いま〟という時代のなかで生まれた言葉

□**チェリー・ピッキング**……まるで「さくらんぼを摘む」ように、自分に都合のいい情報ばかりを集めてしまう認知バイアス。

□**ブルシットジョブ**……直訳すると「クソどうでもいい仕事」で、社会的に無意味な仕事のこと。アメリカの人類学者グレーバーの造語。

□**エキスパートエラー**……専門家が、専門知識がありすぎるゆえに犯す失敗。たとえば、災害時、行政が公平さを重視するあまり、避難を遅らせてしまうといったケースも、これにあたります。

□**マッシュアップ**……「混ぜ合わせる」という意味。もとは音楽用語で、いろいろな曲を混ぜ合わせて、違う曲にする手法。そこから、「いいとこどり」という意味で使われています。

□**ローパフォーマー**……パフォーマンスのレベルが低い人のことで、「戦力にならない社員」を指します。「ローパー」と略されることも。対義語は「ハイパフォーマー」。

□**マックジョブ**……スキルをほとんど必要とせず、低賃金で、昇進のチャンスもない、将来性のない職場や仕事を意味するスラング。ファストフード店のバイトのような、マニュアル化された単純労働という意味。

□**リスキリング**……ビジネスモデルや技術の変化に対応するため、働く人が新しい知識やスキルを学ぶこと。政府が「リスキリングのための支援制度の拡充を目指す」と発表したことで、注目を集めている言葉。

□**ウイナー・テイク・オール**……勝者が総取りすること。勝者がすべてを手に入れること。ＩＴ時代に入って、経済社会でますます起きやすくなっている現象。

□**サイロエフェクト**……サイロは、牧草を貯蔵しておく円筒状の倉庫。そのサイロに分けられたように、細分化されることによって起きる硬直化や機能不全を指す言葉。縦割りによって、全体最適が達成できない状態を指します。要するに「タコツボ化」のこと。

このカタカナ語は一度聞いたら忘れない

□**アマゾン・サバイバー**……ネット販売大手のアマゾンに、お客・売り上げを奪われる小売店舗が多いなか、生き残っている小売業者のこと。世界最大のスーパーマーケットチェーン、ウォルマートがその代表格。

□**ヘリコプターマネー**……デフレ対策として、ヘリコプターから金をばらまくように、中央銀行が資金を大量に市中に流す金融緩和策。「ヘリマネ」と略して使うことも。

□**ダイナミック・プライシング**……変動料金制。さまざまな条件の変化によって、商品やサービスの価格が変動するシステム。たとえば、スポーツの観戦料金が、対戦カードや曜日によって変動したり、ホテルの宿泊料金がシーズンや客入りなどによって細かく上下する制度。

□**チャイナ・プラスワン**……中国以外にも海外生産拠点をもち、リスクを分散する経営手法。「部品の安定調達のためには、チャイナ・プラスワンが必要だ」などと使います。

□**ティッピングポイント**……それまで緩やかだった変化が、あるとき突然、大きく速く変わりだす分岐点。ティッピングは「傾く」こと。「今思うと、あの時期が日本経済のティッピングポイントだった」などと使います。

□**バタフライ・エフェクト**……蝶の羽ばたきのような、ごくわずかな状態の変化が、その後、大きな影響を及ぼすことの寓意的表現。「バタフライ効果」と訳され、カオス理論のひとつ。

□**ファブレス**……工場をもたない製造企業。fabless と綴り、fabrication facility（工場）が less（ない）という意味。自社は、研究開発、設計、マーケティングに特化し、生産は他社に外注する企業のこと。アップルがその代表格。

□**ブルーオーシャン**……まだ競争相手のいない未開拓市場。そういう大海原のような市場を開拓すれば、競合他社がいないため、価格競争に巻き込まれることなく、大きな利益を期待できるというマーケット戦略上の言葉。

□**プラネタリー・バウンダリー**……地球の限界。人類がこの星で持続的に生存するためには、超えてはならない「地球環境の境界」（バウンダリー）があることを示した概念。SDGs は、この概念にもとづいてさだめた目標の総称といえます。

□**ブラックフライデー**……感謝祭（11月の第4木曜日）の翌日の金曜日。この日、全米の小売店などで安売りが実施され、年に一番の売上高を記録します。それなのに「ブラック」と呼ばれるのは、この日、道路が渋滞し、事故やトラブルが増えることから、警察がこう呼んだことに由来します。

□**ウーマノミクス**……女性の社会進出などによって、経済に変化が表れるということを表す言葉。ウーマンとエコノミクスを組み合わせた造語。

□**ポストコロニアル**……植民地支配が後の世に残したもの。植民地支配の負の遺産を背負いつづけているという文脈で使われることの多い言葉。「ポストコロニアルな精神構造」など。

□**ダイバーシティ**……企業で、性別、国籍、年齢などの違う多様な人材を活用する考え方。「ダイバーシティが求められる時代」など。

□**ワイズ・スペンディング**……賢明な公共支出。もとは経済学者のケインズの言葉で、不況対策として財政支出するにあたっては、賢明な事業選択が必要という意味。

ニュースのカタカナ語、ひと言で説明できますか

□**エシカル・ファッション**……直訳すると、「倫理的・道徳的なファッション」。地球と人にやさしいファッションであり、環境破壊したり、労働者を搾取したりしないで作られた衣服のこと。なお、「エシカル消費」は人や社会、地球環境に配慮した消費のこと。

□**オーバー・ツーリズム**……観光客の数が多すぎて、現地の日常生活に支障が出る状態。観光公害。たとえば、日本では、京都にインバウンド客が集中、渋滞の常態化など、市民生活への悪影響が出ています。

□**ダーク・ツーリズム**……被災地や戦災地など、悲しみや死にまつわる場所を訪れる観光。負の歴史に触れることで、過去について考え、また犠牲者を追悼することを目的とする旅。

□**ゼロ・エミッション**……「エミッション」は放出、排出という意味で、廃棄物の「エミッション」をゼロにすること。産業活動などで、ゴミを出さない資源循環型のシステムを構築することを意味し、たとえば、ある産業から出た廃棄物を別の産業が利用することなどによって、廃棄物の埋め立て処分をゼロにすることを目指すような考え方であり、施策。

□**ゼロ・トレランス**……本来は「非寛容」というような意味。品質管理の分野では、わずかな不具合を見逃さず、不良品を徹底的に排除、ゼロにするという意味で使われています。

□**バックラッシュ**……反動、揺り戻し。たとえば、ジェンダー平等の推進に対して反発する反動的な動きなどを指す言葉。

□**フレイル**……もとは「虚弱」や「脆弱《ぜいじゃく》」という意味で、高齢者の健常な状態と要介護の中間段階を指す言葉。２０１４年、日本老年医学会の提唱後、高齢者の健康状態に関して使われるようになった語。

□**バイオマス**……ある地域に存在する生物の総量。近年は「バイオマス・エネルギー」という形で、エネルギー源となる生物に対して使われている言葉。代表的なバイオマス・エネルギー源は、木材、わら、もみ殻、家畜のふんなど。

□フードデザート……直訳すると、食品砂漠。たとえば都心は、デパートや高級スーパーしかなく、手頃な価格の食品を手に入れにくいので、この言葉で形容されることがあります。

□リビングウィル……生きているうちにのこす遺言。とくに、終末医療、延命措置、臓器提供などに関する本人の意思を指すことが多い言葉。

やっかいな「ネット社会」を理解するためのカタカナ語

□フィルターバブル……過去に、パソコンやスマホで検索したワードが「フィルター」のように働いて、画面に自分の好みに合う情報ばかりが表示される状態。

バブル（泡）の中にいるように類似する情報に包まれ、多様な情報に触れる機会が失われる状態。

□**キャンセルカルチャー**……著名人の過去の不祥事や不適切な言動を、ネット上の記録などから掘り起こし、ＳＮＳなどで情報を拡散、社会的地位を失わせるような動き。

□**デジタルタトゥ**……ネットに書き込まれた記事など、一度拡散した情報が半永久的にネット上に残り続けること。デジタルと、消すのが難しい tattoo（タトゥ・刺青）を組み合わせた言葉。

□**デジタルデトックス**……デジタル環境から離れること。具体的には、スマホやパソコン抜きの生活を送ること。「1週間のデジタルデトックスで頭を空っぽにする」など。

□**ファクトチェック**……ニュースや情報が事実（ファクト）かどうかを検証（チェック）し、正確な情報を提供すること。「フェイクニュース」の氾濫《はんらん》とともに、必要になってきた検証作業。

□**ベリングキャット**……オランダに本拠を置く調査機関の名。ネット上の画像や動画などを分析し、情報の真偽を確かめるアマチュア集団。戦争犯罪などを暴き、近年、注目を集めています。

□**ギグワーカー**……インターネットのプラットフォームを通して、単発で仕事を請け負う労働者。ギグ（gig）は、ミュージシャンがライブハウスなどで、演奏に一度限りで参加する音楽用語に由来します。

□ベンダーロックイン……コンピュータシステムなどを導入する際、特定のベンダー（製品・サービスの提供元）に依存しなければならない状態。「ベンダーロックインされたように身動きがとれない」など、比喩的にも使える言葉。

□マウスイヤー……IT産業の進展の速さを表す言葉。ネズミが人間の20倍近いスピードで成長することにたとえた言葉。前から使われていた「ドッグイヤー」（犬の成長速度は人間の7倍）よりも、さらに速いという意味。

□ロングテール……1品当たりの販売額はわずかでも、多品種をそろえることで全体の販売額が大きくなる現象。販売数を縦軸、商品数を横軸にしてグラフ化すると、尻尾（テール）が長く（ロング）伸びるような図になることから。ネットショッピング時代に入って顕著になった傾向。

□**レピュテーション・リスク**……風評リスク。悪い評判や噂によって、企業の信用やブランド価値が失われるリスク。ネット社会になって情報が爆発的に拡散しやすくなり、企業経営にとってますます重要になった概念。

「差別」「偏見」「ハラスメント」をめぐるカタカナ語

□**ジェンダーバイアス**……男女の役割に関して抱く固定観念、偏見。たとえば、ジェンダーバイアスを感じさせる言葉に、「リケジョ」や「女子力」などがあります。

□**ポリティカル・コレクトネス**……直訳すると、「政治的正しさ」ですが、その実際の意味は、たとえば、スチュワーデスをキャビン・アテンダント（CA）と言い換えるように、性別・人種・宗教などの違いによる差別を含まない「表現」

を用いること。

□**ホモソーシャル**……同性間（おもに男性間）でのみ成立する関係。女性を排除することによって成立する「男同士」の関係性や結びつきを意味する言葉。

□**マンスプレイニング**……男性が女性に対して、見下した態度で解説したり、知識をひけらかしたりすること。女性は男性よりも無知であるという偏見にもとづく行為。man と explaining（説明する）を組み合わせた言葉。

□**ミソジニー**……女性に対する嫌悪や蔑視。「ミソジニスト」は、そうした感情をもつ人。ギリシャ語の misos（憎しみ）と gune（女性）を組み合わせた言葉。

□**ルッキズム**……人を外見で評価したり、容貌や容姿を理由に差別的な扱いをする傾向。性差別や人種差別につながりやすい傾向。

□**ヘイト・クライム**……人種や民族など、特定の集団に対する憎悪・偏見が動機となって引き起こされる犯罪。

□**ヌードル・ハラスメント**……日本人が麺類をするときの音が、外国人観光客らに対して不快感を与えるハラスメント。略して「ヌーハラ」。

□**エイジング・ハラスメント**……年齢による差別。いまどきは、女性に対して「おばさん」や「おばあさん」と呼びかけるのも、これに当たります。

□**ドリーム・ハラスメント**……他者に対して、「夢を持て」とプレッシャーをかけるハラスメント。とりわけ、大人が子供に対して、夢を抱くことを無理強《じ》いするハラスメント。

□**ロジカル・ハラスメント**……正論をつきつけるなど、相手を論理的に追い詰め、不快な気持ちにさせたり、傷つける行為。「ロジハラ」と略されます。

いまどきの「人」を表すカタカナ語

□**ホイッスル・ブロワー**……直訳すれば、「警笛を吹く人」。そこから、組織内部の不正を告発する「内部告発者」という意味で使われています。

□**フレネミー**……「フレンド」と「エネミー」を合わせた造語で、「友人であり、ライバルでもある間柄」や「友人を装う敵」という意味。「友だちだと思っていたが、じつはフレネミーだった」のように使います。

□**プルトクラート**……超富裕層、スーパーリッチ。ギリシャ語で「富」を意味する「プルトス」と「力」を意味する「クラトス」を組み合わせた造語。

□**マーチャンダイザー**……商品購入の担当者。「売り場作りは、マーチャンダイザーの腕にかかっている」など。「マーチャンダイジング」は商品化計画。

□**ミニマリスト**……最小限主義者。不要なものをできる限り排除し、選び抜いたものだけで暮らす人を指します。

□**トロフィ・ワイフ**……成功者が手にした若く美しい妻のこと。勝利者が受けとるトロフィのような妻という意。

□**パワーカップル**……夫婦ともに、高所得のカップル。日本では、夫婦ともに専門職についていたり、大企業の社員で、世帯年収が1000万円を超えるカップルのこと。

□セミリンガル……2カ国語を話せるものの、「バイリンガル」のように自由に使えるわけではなく、どちらも中途半端にしか話せない状態。そのため、「ダブル・リミテッド」とも呼びます。

感染症にからんで知っておきたいカタカナ語

□マスギャザリング……大勢の人が集まること。おもに、感染症に関して使われる言葉で、特定の場所に多数の人が集まると、感染率が高まることから、コロナ禍中、注目された概念。

□ズーノーシス……人獣共通の感染症。新型インフルエンザなど、もとは動物から人に伝染する感染症を指す言葉。

□エッセンシャル・ワーカー……コロナ禍中に、注目された言葉で、市民生活に必要不可欠な仕事の従事者を指す言葉。具体的には、警官、消防士、医師・看護師らの医療関係者や、清掃関係者らを意味します。

「国際事情」を知るには外せないカタカナ語

□ジェネレーションレフト……新自由主義の歪みがあらわになった現代、左傾化する若者世代を指す言葉。Z世代と、世代的にはほぼ重なります。

□ダライラマ・エフェクト……ある国の首脳が、中国と敵対しているチベット仏教の指導者・ダライラマと面会すると、その国の対中国貿易が8%減少するといわれる現象。中国が陰に陽に貿易障壁を設けたり、国内企業にプレッシャーをかけるためとされています。

□シノフォビア……中国嫌い。「シノ」は「中国の」という意味。

□ドラゴンスレイヤー……対中強硬派。「竜を倒す人」という意味。また、「パンダスラッガー（パンダを殴りつける人）」も同様に、対中強硬派のこと。一方、「パンダ・ハガー（パンダを抱く人）」は、対中妥協派・親中派のこと。

□パックス・シニカ……「パックス（Pax）」は、特定の大国支配のもとでの平和を意味する言葉。パックス・ロマナにはじまり、パックス・ブリタニカ、パックス・アメリカーナと使われ、今は「パックス・シニカ（中国の覇権による平和）」という表現が使われはじめています。

□プーチノクラシー……ロシアのプーチン大統領による統治。その行き着いた果てが、ウクライナ侵攻といえます。

□**テタテ**……外交用語で、一対一の会議という意味。もとはフランス語で、差し向かいの、内密の、二人だけの、といった意味。「両首脳がテタテでたっぷり話し合う」などと使います。

□**トリプルブルー**……アメリカの民主党が、大統領、上院・下院の過半数をすべて占める状態。米民主党のシンボルカラーが青であることから。

□**パシフィック・リム**……環太平洋。rimは、円いものの縁、へりという意味。

□**マッドマンセオリー**……マッドマンのように振る舞う戦略。アメリカ37代大統領のリチャード・ニクソンの外交方針として知られる戦略。ニクソンは、自分が非合理的で気まぐれな人間だと、当時の東側の指導者に思わせ、「あの男は、何をするかわからない」と畏怖《いふ》させることで、譲歩や妥協を引き出そうとしました。

□**グアムキラー**……中国の中距離弾道ミサイル。中国本土から発射したとき、米軍基地のあるグアム島を射程におさめることから、この異名があります。

□**ホームグロウン・テロ**……自国内（ホーム）で育った者（グロウン）が起こすテロ。とりわけ、先進国で育った者が国内で行うテロ。外国からの侵入者によるテロではなく、また単独行動であることが多いので、公安当局にとって防ぎにくいテロといえます。

□**デフコン**……アメリカ国防総省（ペンタゴン）の戦争への準備・警戒態勢を5段階に分ける規定。Defense Readiness Condition の略語で、情勢の危険度に応じて1〜5のレベルで発令されます。平時は「5」、核戦争にもっとも近づいたといわれるキューバ危機（1962年）のときは「2」でした。

□**ゲオポリティクス**……地政学。地理的条件が政治的・軍事的・経済的にどのような影響を及ぼすかを研究する学問。「ゲオポリティクス」はドイツ語由来の表記で、近年は英語由来で「ジオポリティクス」とも呼びます。

□**チョークポイント**……地政学における概念で、海洋覇権確立のため、戦略的に重要な水路や地点を指す言葉。たとえば、ジブラルタル海峡、スエズ運河、ホルムズ海峡、マラッカ海峡などがこれに当たります。

Step2

大人の常識力が一瞬で問われるカタカナ語

意味がわかっているようで、誤解しがちな言葉

□カウンターパート↓仕事相手

ビジネスでは、取引先の担当者や交渉相手など、仕事の「相手」を指す言葉。外交関係では、相手国で、こちらの担当者と同レベルの地位・役職にある交渉相手のこと。「外務大臣のカウンターパートは国務長官」など。

□コミッション↓手数料、仲介料

「多額のコミッションをとる」、「コミッションが高すぎるね」など、「マージン」と同じ意味で使われます。ほかに「委員会」という意味もあり、その長がコミッショナー。

□シナジー↓相乗効果、相乗作用

複数のものが互いに作用し合って、効果や機能を高めること。ビジネスでは「両社の合併によって、大きなシナジーを得られる」などと使います。

□ソリューション↓問題の解決策、解答

近年は、新しいビジネスモデルや情報システムに関する「解決策」という意味でよく使われる言葉。「現状を打破するには、革新的なソリューションが求められています。それは～」など。

□ポジショニング↓立ち位置

ビジネス用語としては、自社や商品の、マーケットにおける「立ち位置」を確立すること。「他社との差別化を図るため、ポジショニングを明確にすることが必要だ」などと用います。

□プロトタイプ↓試作品

「典型的なもの」や「よくある陳腐なもの」という意味にも使われる言葉。「プロトタイプ的な作品」といえば、おおむねマイナス評価を含みます。

□マスト↓欠かせないこと、優先順位がもっとも高いこと

たとえば、「マストアイテム」は必需品のことで、「この秋のマストアイテムは〜」などと使います。「マストバイ」はかならず買いたい商品、「マストハブ」は必携品を意味します。また、「○○はマストでお願いします」といえば、○○が必要不可欠であるという意味。

□ロードマップ↓大まかな計画

目標達成までの大筋の計画。ビジネスでは、プロジェクト完了までの手順、道のりを時系列で表したものを指します。「竣工までのロードマップを用意する」など。

□ノープラン↓何も考えていない

「計画がないこと」や「予定が決まっていないこと」。「思いつくままの見切り発射」という意味にも使われます。「そのあたりは、まだノープランですね」など。

□アジェンダ↓議題、計画

議題という意味では、「本日のアジェンダは～」などと使います。また、政策に関しては、検討課題や行動目標という意味で使うことが多い言葉。

□インセンティブ↓目標を達成するための刺激、報奨金

意欲を引き出すための外部からの刺激を意味する言葉。ビジネスでは「報奨金」という意味で使われることが多く、「営業成績に応じてインセンティブを支給する」など。プロ野球では「インセンティブ契約」が結ばれ、これは成績による出来高払いのこと。

□イシュー↓論点、問題点

「彼は、このイシューの意味がよくわかっていない」など。英語では「出版物」という意味でも使います。

仕事のカタカナ語は、状況にあわせて使いわけよう

□アウトプット↓できたもの

学んだことや、仕事として取り組んだことから生み出されたもの。要するに、「成果」という意味。

□アウトソーシング↓外部委託

外部の専門企業などに社内業務を委託すること。今はおもに、コンピュータシス

テムの運用や事務などを社外の業者に委託することに使われます。「社外委託」や「外部調達」とも訳します。

□アカウンタビリティ↓説明責任

政府や行政が自らの行為や判断について、説明する責任。企業では、経営側が会社の財務状況、経営戦略などについて、ステークホルダー（株主や消費者）に対して説明すること。「アカウンタビリティが果たされていない」などと使います。

□コンテクスト↓文脈

ビジネスでは、文脈のほか、脈絡、背景、前後関係といった意味でも使われます。「ここに至るまでのコンテクストの把握に努める」など。

□シュリンク↓収縮、縮むこと

経済やビジネス関係では、「シュリンクする日本市場」、「シュリンクする業界」

などと使われることが多い言葉。また、「彼、最近、シュリンクしていないかね」といえば、「精神的に萎縮している」という意味。

□ダウンサイジング↓小型化

近頃の日本では、経営合理化のため、組織をスリムにし、人件費などのコストを圧縮することを指すことが多い言葉。

□ニッチ↓隙間

ビジネスでは「市場の隙間」という意味で使われ、「ニッチな市場」といえば、大手企業が手をつけていない小市場のこと。「ニッチなマーケットを狙う」や「ずいぶんニッチな話ですね」のように使います。

□〇〇ファースト↓最優先

「レディファースト」といえば、女性を優先するという意味。「都民ファースト」

といえば、都民を最優先にするという意味（のはず）。

□ホスピタリティ↓おもてなし

歓待や厚遇を意味し、観光業界や医療業界でよく使われてきた言葉。今は、他の業界でも、「サービス精神」の言い換えとして、よく使われるようになっています。

□ライツ↓権利

ビジネスでは、著作権、特許権、商標権など、一定の報酬を得るための権利という意味で使われます。「ネーミングライツ」など。なお、ライツが権利という意味なので、「ネーミングライツ権」は重複表現。

□リノベーション↓刷新、革新

近頃は「古い建物や部屋を魅力的な住まいに変える改修作業」という意味によく使われ、その場合は「リノベ」と略されます。「築40年のマンションをリノベする」など。ビジネスでは、「ビジネスモデルをリノベーションする」など、「刷新」という意味で用いられます。

ビジネスで使う「動詞」をカタカナ語に変換すると？

□**アジャイル**……経営環境の変化などに、柔軟、スピーディに対応すること。「市場の変化にアジャイルする必要があります」など。

□**アサイン**……任命する、割り当てる。「君をプロジェクトリーダーにアサインしたよ」、「この仕事には、十分な資金をアサインすることが必要かと」など。

□**コミット**……目標に対して、責任をもって引き受けること。「結果に対してコミットします」など。某スポーツジムのCMで有名になった言葉。

□**フィックス**……固定する、定着させる。ビジネス語としては、「スケジュールをフィックスする」など、「確定する」という意味でよく使われます。

□**フィードバック**……反応、返事。「今日のお話、近々、フィードバックいたします」、「フィードバックいただいたお話を今後に生かしたいと思います」など。

□**アグリー**……同意する、承諾する。「全面的にアグリーです」、「その件は課長もアグリーしていたはずですが」、「部長のアグリーはとったのですか」のように用います。

□**エクスキューズ**……言い訳をする、弁明をする。「エクスキューズになりますが」、「彼にも、エクスキューズしたいことがあると思いますよ」など。

□**キャッチアップ**……ビジネスでは、「遅れを取り戻す」という意味でよく使われています。「前回会議に欠席したので、議事録に目を通し、キャッチアップしておく」というように。

□**クローズ**……終わること、迫ること。「クロージング」は、セールスで、お客に購入の決断を迫ること。「雑談は得意なのだが、クロージングが下手で、売り上げにつながらない」など。

□**ドライブ**……前に進む、追い込みをかける。「タイムリミットが迫っています。ドライブをかけましょう」など。

□**プッシュ**……推薦する、後押しする。「例の件、常務が強力にプッシュしたらしいですよ」など。

□**ブラッシュアップ**……状態をよくすること。「この企画、もう少しブラッシュアップできませんか」、「語学をブラッシュアップする」など。

社会人には欠かせないカタカナ語〈レベル1〉

□**ウィンウィン**……取引する双方に利益があること。「かならずや、ウィンウィンの関係を築けると思います」など。

□**プロトコル**……本来は、外交上の儀礼という意味の外交用語。近年は、コンピュータの世界で、「通信規約」という意味で使われています。

□**OJT（オージェーティー）**……オン・ザ・ジョブ・トレーニングの略語で、仕事を進めながら行う研修。「入社後、直ちにOJTをスタートします」など。

□インバウンド……「外から内へ」の意味だが、一般的にはインバウンドツーリズムの略で、海外からの旅行客。あるいは、海外からの客を迎えること。「コロナ禍も一服し、インバウンド事業に注力する」など。

□コスト・パフォーマンス……費用対効果。「コスパ」と略します。「コストパフォーマンスを考えて、ものを言ってよ」、「コスパのいい商品」など。なお、近頃流行りの「タイパ」は「タイムパフォーマンス」の略で、「時間対効果」のこと。

□コンテンツ……著作物や情報の中身。「コンテンツが貧弱な作品」、「○○は、今や、欠かせないコンテンツ」のように使います。

□アクションプラン……企画や政策を実行に移すための具体的な計画。「事業立ち上げまでのアクションプランを考えてください」など。

□イノベーション……時代を画すような新機軸。技術だけでなく、経営や組織を革新する事柄に関しても使われます。「人事考課にもイノベーションが必要です」など。

□キャパシティ……許容範囲、仕事をこなす能力。「キャパ」と略して使うことが多い言葉。「仕事が多すぎて、彼のキャパを超えているようです」など。

□クライアント……顧客、取引先。「クライアントとのアポをとっておいてください」など。

□シェア……考え方や情報を共有すること。「顧客情報をシェアする」など。また、マーケットにおける占有率という意味にも使われ、「世界シェアの70％を占めている」など。

□**リップサービス**……口先だけのサービス。社交辞令やお世辞のこと。「彼の言葉はリップサービスでしょうから、真に受けないほうがいいですよ」などと使います。

□**デフォルト**……金融業界では債務不履行のこと。「外貨を獲得できず、デフォルト状態に陥る」など。

□**パラダイム**……その時代で、常識的とされている枠組みや価値観。「パラダイムシフト」は、その枠組みが壊れ、変わること。「今、自動車業界では、100年に一度のパラダイムシフトが進んでいる」など。

□**フェイス・トゥ・フェイス**……面と向かって。「メールばかりでなく、たまにはフェイス・トゥ・フェイスで話し合うことが重要ですよ」などと使います。

□**リスクヘッジ**……リスクを避ける対策をとること。「リスクヘッジのため、プランBを用意してください」など。

□**リスケジュール**……スケジュールを組み直すこと。「リスケ」と略します。「明日のA社との打ち合わせ、リスケしてもらったよ」のように。

□**リソース**……経営資源。具体的には、人、カネ、モノのこと。「壮大なプランですが、どう考えてもリソースが不足しているようです」などと用います。

□**リテラシー**……読み書き能力のこと。そこから、特定分野に関する理解度という意味でも使われる語。たとえば「メディア・リテラシー」は、ニュースを理解する能力や、その信憑性を判断できる能力を指します。

□**ワークライフバランス**……仕事と生活のバランス。「ワークライフバランスを念頭に置いた働き方改革」など。

□**ワークシェアリング**……労働（仕事）を分け合って、社内や社会全体の雇用数を増やすこと。「ワークシェアリングを推進する」など。

□**ストレスフリー**……ストレスがない状態。この「フリー」は自由という意味ではなく、「カロリーフリー」などとも使う「ゼロである」という意味。

□**コンプライアンス**……法令遵守。とりわけ、企業が法やルール、倫理を守って活動すること。「コンプライアンスに留意しないと、社会的に生き残れない」など。

□**ポジショントーク**……自分の立場に応じて発言すること。たとえば、官僚や会社員が、自らの本音とは別に、組織から期待される役割に沿って発言すること。

□**ターム**……術語、専門用語。「テクニカル・ターム」など。「期間」や「期限」という意味にも使われ、こちらは「第一ターム」や「タームを短縮する」など。

□**ルーチン**……日常的にしていること。「ルーチン・ワーク（routine work）」は、日常の決まりきった仕事。近頃は「ルーティン」とも書き、発音します。

社会人には欠かせないカタカナ語〈レベル2〉

□**イニシアチブ**……主導権を握ること。「A社との交渉では、先に具体案を提示して、イニシアチブをとることが必要だ」など。

□**アウト・オブ**……「～からはずれた」「○○遅れ」という意味をつくる言い回し。「アウト・オブ・デート」は時代遅れ、「アウト・オブ・ファッション」は流行遅れというように。

□ライフハック……仕事や日常生活で役立つちょっとしたアイデアやテクニック。生活を意味するライフと、うまくやり抜くという意味のhack（ハック）を組み合わせた造語。

□ロールモデル……規範・模範となる人。「あの人のようになりたい」と思う憧れの対象。「私は、部長をロールモデルにして励んできました」など。

□ランドマーク……目印になるような建物。「近くに、ランドマークになるような建物はありませんか」などと使います。

□グレーゾーン……曖昧な領域。白とも黒とも言えない領域。合法か違法か判断しにくい領域。「その話はグレーゾーンだから、気をつけたほうがいいよ」など。

□**ワーキングチーム**……特定の問題を解決するために設けられる集まり。「ワーキンググループ」とも呼びます。

□**ブレークスルー**……障害や困難を突破すること。現状打破。「A君の働きがブレークスルーとなって、難局を打開できたよ」など。

□**アサップ**……できるだけ早く。as soon as possibleの頭文字をつないだ言葉。「例の一件、アサップでお願いします」のように使います。

□**バックオフィス**……事務管理部門。営業や交渉の前線に出ることなく、「バック（後方）」で、事務や管理業務を行う部門を指します。

□**ステークホルダー**……企業の利害関係者。株主、取引先、債権者、社員などを指します。「ステークホルダーの理解が必要」、「ステークホルダーとの関係を強化する」など。

□**ゲームチェンジャー**……変革をもたらす人、企業、製品など。「業界の常識を変えたゲームチェンジャー」など。もとは、スポーツの試合で途中出場し、ゲームの流れを変えるような選手のこと。

□**アドホック**……「特定の目的のために」という意味。もとはラテン語で、ad hoc と綴り、ad は「〜について」、「hoc」は「この」。「特命チームをアドホックに編成する」など。

□**オールインワン**……いくつかの機能が一つにまとめられている状態。たとえば、「オールインワン化粧品」は、1本で化粧水、乳液、美容液、クリームなどの機能を持つ化粧品のこと。

□**キャリアハイ**……その人の経歴のなかでの最高の成績。「今年は絶好調で、キャリアハイの成績をおさめる」など。

□**グランドデザイン**……全体構想。おもに、都市開発など、長期間にわたる大規模事業に関して使う言葉。「マスタープラン（基本計画）」と同じような意味ですが、後者のほうが具体性に富むニュアンス。

□**ジェットラグ**……時差ぼけ。「ジェットシンドローム」とも呼びます。

□**ジャスト・イン・タイム**……ムダを省くため、生産に必要なものを必要なときに必要な量だけ、調達する生産システム。その代表格がトヨタの「カンバンシステム」。

□**スタビライザー**……もとは、乗り物の振動をおさえる装置や、化合物の安定剤を指す言葉。比喩的に「安定させるもの」という意味で使われ、「温厚な人柄で、組織のスタビライザー役をつとめる」など。

社会人には欠かせないカタカナ語〈レベル3〉

□**カオティック**……「カオス」を形容詞化した言葉。混沌とした、無秩序な、という意味。「カオティックな作品」など。英語では「ケィアティック」のように発音します。

□**メリトクラシー**……能力・成果主義。「メリトクラシーが生み出す現代の格差」など。

□**ショック・アブソーバー**……緩衝器。振動を吸収する装置のこと。比喩的に「人間関係のショック・アブソーバーになる」などと使います。

□**ハイエンド**……高性能、最上級。「ハイエンドモデル」、「ハイエンドマシーン」、「ハイエンドなブランド」のように使います。中級は「ミドルレンジ」、低級は「ローエンド」。

□**トランスフォーメーション**……変形、変化。企業経営では、事業や業務の大改革を指します。「事業のトランスフォーメーションに取り組む」など。

□**トリレンマ**……三重苦、三つの事柄による矛盾。ディレンマ（矛盾）の「一つ上」。「トリレンマに苦しむ」など。

□**フェイルセーフ**……「失敗（フェイル）しても安全（セーフ）」なように、設計や施工に取り組むこと。「人間は間違える」ことを前提にした安全工学、設計思想の根幹をなす考え方。たとえば、乗り物に不具合が生じても、乗客は安全であるように、乗り物を設計・運用すること。

□**ブリーフィング**……説明、報告。「要人へのブリーフィング」などと使い、「手短に要約する」というニュアンスを含みます。

□**ポストストーリー**……その後の顚末。物事の結末、終章を意味する「エピローグ」とは、意味の違う言葉。

□**ボトムアップ**……下位の者が計画などを練り上げ、上にあげていくことで、意思決定を行う手法。対義語は上から下におろす「トップダウン」。

□**ボトルネック**……瓶（ボトル）の狭い首（ネック）のように、物事を進めるうえで妨げとなるもの。隘路。「○○がボトルネックとなって、話が滞る」、「生産工程のボトルネックを探す」など。

□マルチタスク……複数の仕事（タスク）を同時並行的に行うこと。

□ユーザビリティ……使いやすさ。「ユーザビリティの高い商品」、「ユーザビリティを追求すれば、お客はついてくるはずです」などと使います。

□ライセンスフリー……著作物や音楽などの著作権がフリー状態で、著作権者の許諾をとらずとも、自由に使える状態。「ライセンスフリーの素材を使って、コストをおさえました」など。

□レジリエンス……本来は、回復力、復元力という意味で、近頃は「へこたれない力」という意味でよく使われる言葉。「ビジネスパーソンにも、いっそうのレジリエンスが要求される時代です」など。

□**ワーケーション**……「ワーク」と「バケーション」を組み合わせた言葉。ふだんの職場を離れて観光地やリゾート地で、テレワークなどを利用しながら、休暇を兼ねて働くスタイル。

□**ストラテジー**……戦略。本来は軍事用語ですが、政治・経済の分野でも使われ、「グランド・ストラテジー」は、国家戦略や企業の大規模戦略のこと。「１００年企業になるためのグランド・ストラテジーを描く」など。

□**バジェット**……予算。「バジェットは、いかほどですか？」といえば、「ご予算は？」という意味。

□**アセット**……資産、財産。そこから、「強み」という意味でも使われ、「当社の一番のアセットは、〇〇に関する技術力だと思います」など。

□**オーバー・スペック**……性能や機能が、目的や用途に対して、過剰に高性能であること。そうなると、コストがかかったり、操作が難しくなったりするなど、目的の達成が困難になるケースが多くなります。「過剰性能」と訳され、もとは軍事用語。

□**ローンチ**……新商品を公表すること。「新しいサービスをローンチする」など。

□**キックオフ・ミーティング**……プロジェクトのスタート時に開く集まり。プロジェクトの概要や目標を確認し、メンバーの自己紹介などを行います。サッカーやラグビーの試合が、「キックオフ」ではじまることから生まれた言葉。

□**トップヘビー**……頭でっかちなさま。たとえば、組織では、役職者が多すぎて、組織が硬直化したり、事態が円滑に進まない状態。もとは、船舶の重心が高過ぎて、転覆しやすい状態のこと。

□**ボトムライン**……最低限のライン。「ボトムラインを決めて、交渉に臨む」などと使います。なお、「最低限のボトムライン」は重複表現。

社会人には欠かせないカタカナ語〈レベル4〉

□**コスト・リダクション**……費用削減。「チャットGPTの活用で、コスト・リダクションを図る」など。

□**コンセプトストア**……何らかのコンセプト（考え方・概念）にもとづく店舗。具体的には、経営者や店長らの判断・感性によって、品ぞろえしている店。ファッション関係でよく使われる言葉です。

□**コンソーシアム**……共同事業体。ある目的達成のために協力し合う企業や団体の集まり。「都市開発のためのコンソーシアムを組む」など。

□**リードタイム**……製造業で、発注から納品までに必要な時間。「リードタイムを短縮できませんか」、「日本経済では、リードタイムの短縮が重要課題になっています」など。

□**イニシャルコスト**……事業やプロジェクトをはじめるときに必要な費用。初期費用。対義語は「ランニングコスト」で、こちらは、事業などを運営するために継続的に必要な経費。

□**インバランス**……不均衡。「アンバランス」と同じ意味ですが、英語では通常、インバランス（imbalance）を使います。「貿易収支のインバランス」など。

□**ビッグピクチャー**……直訳すると「大きな絵」という意味。ビジネスでは「全体像」「全体計画」という意味で使われます。「まずは、ビッグピクチャーを描くことが必要です」のように、プレゼンテーションでよく使われる言葉。

□**フィジビリティ**……実現可能性。ビジネスでは、新プロジェクトの実現性、より具体的にいえば、採算がとれるかどうかを意味します。「その事業にフィジビリティはあるのかね」など。

□**ネガティブリスト**……してはいけないことを並べたリスト。「原則的には自由」であることが背景にあります。一方、原則禁止で、できることを並べたのが「ポジティブリスト」。

□**フィランソロピー**……本来は、慈善や博愛主義を意味する言葉。今は、企業の社会貢献活動、慈善活動を指す言葉としてよく使われます。

□**コンバージョン**……一般的には、転換、変換を意味する語。ネット用語としては、ウェブサイトにアクセスした人が顧客に変わること。「いくら訪問者数が増えても、コンバージョン数が上がらないと意味がないよ」など。

□**データマイニング**……蓄積しているデータを分析し、意味のある法則などを発掘すること。「マイニング」は、もとは鉱山などで資源を発掘・採掘すること。

□**コンセプチュアル・スキル**……問題把握能力。問題の本質を見極めて、最適解を導き出す能力。「この時代、経営幹部にはコンセプチュアル・スキルが要求される」など。

□**コア・コンピタンス**……その組織の中核となる強み。コンピタンスは、専門的な能力や力量という意味。「わが社のコア・コンピタンスは、何でしょうか？」など。

□**マイクロマネジメント**……直訳すると「細かすぎる管理」。多くの場合、管理職が部下の仕事ぶりに干渉しすぎることを意味し、「彼はマイクロマネジメント専門で、トップの器ではない」などと使います。

この言葉は、自分の語彙に加えておきたい

□**マリッジブルー**……結婚を前にした憂鬱な精神状態。新しい生活への不安、相手への疑問などが原因になる女性に多い症状。「エンゲージブルー」とも呼ばれます。

□**モラルハザード**……倫理や道徳的節度が欠如している状態。研究者の研究論文の捏造《ねつぞう》、メーカーの欠陥商品の隠蔽、銀行の不正融資などが、これに当たります。

□**ビタースイート**……甘くほろ苦い味。おもに、チョコレートの味の形容に使われるほか、「ビタースイートな青春映画」のように比喩的にも使います。

□**パセティック**……悲壮な、感動的なさま、哀れをさそうさま。「パセティックなドラマ」、「パセティックな曲調」のように使います。

□**レシピエント**……臓器移植で、臓器を提供される人のこと。一方、臓器や骨髄を提供する人は「ドナー」。

□**フェティッシュ**……もとはフランス語で、呪物や物神という意味。そこから、

「特定のものへの偏愛（＝フェティシズム）の対象」となるもの。

□ブッキッシュ……机上の空論、実際的ではないさま。「その議論、少しブッキッシュですね」というと、理屈は整っているものの、実際的ではないという意味。また、かたくるしいという意味もあり、「ブッキッシュ・イングリッシュ」といえば、かたくるしい英語のこと。

□ペダンチック……学問や知識を誇るような態度、衒学《げんがく》的。「ペダンチックな作品」など。

□リップシンク……いわゆる「口パク」のこと。あらかじめ録音した音声を流し、歌っているようにみせかけること。lip synch と綴り、「シンクロ」と同語源。「リップシンギング」ではなく、「リップシンク」です。

□**リミッター**……制御器。俗にいう「リミッターがはずれる」は、自分で自分が制御できなくなる状態を表します。

□**レイニーデー**……雨の日。そこから、まさかのとき、困ったときという意味にも使われます。「レイニーデーに備える」など。

□**レイヤー**……層や層を成すという意味。それとは別に、今は「コスプレイヤー」の略語としても使われています。

□**ローカライズ**……地域化、地方版にすること。また、「ローカリズム」は地元第一主義。「ローカルカラー」は郷土色。

□**ステータス・クオ**……現状、もとのままの状態。綴りはstatus quoで、ラテン語由来の言葉。

□**ジャーゴン**……仲間内だけで通じる言葉。一般人には意味のわからない業界用語など。「そんなジャーゴンで話されてもわからないよ」など。

□**ティアドロップ**……涙のしずくのような形。宝石や装飾品の形の形容によく使われます。「ティアドロップ型のイヤリング」、「ティアドロップ型のサングラス」など。

□**シラバス**……授業や講義の計画、内容や概略を記したもの。「シラバスによると、○○教授の講義は～」など。ギリシャ語で「書籍の題名を記した紙」を意味する言葉に由来します。

□**コメンスメント**……アメリカ英語で卒業式のこと。本来の意味は「始まり」。卒業式を「（学校生活の）終わり」ではなく、「（新しい生活の）始まり」とみるアメリカ人のとらえ方にもとづく表現。

□**ザッピング**……テレビ番組を次々と替えながら、視聴すること。「テレビをザッピングしていたところ〜」など。由来のはっきりしない言葉ですが、かつてチャンネルを変えるときに、「ザー」という音がしたからという説があります。

□**マヌーバー**……もとは軍隊用語で、策略、作戦という意味。「巧妙な作戦」というニュアンスを含み、「この問題を解決するには、相当に練ったマヌーバーが必要だと思いますよ」など。

□**インフルエンサー**……ネット上の発信で、購買行動に影響を与える人。「インフルエンサーに協力を依頼する」など。

□**デジタルネイティブ**……生まれたときから、ＩＴ環境の中にいる世代のこと。

カタカナ語のよくある勘違い、集めました

◆ここがカタカナ語の〝落とし穴〟になっている

×アンシンメトリー↓○アシンメトリー

左右非対称。綴りはasymmetry。「非対称」という意味から、否定の接頭語の「un」ではじまると勘違いすると、発音を間違うことになります。

×アフリエイト↓○アフィリエイト

インターネットを利用した成功報酬型広告のこと。綴りはaffiliateで、○が原

音に近い表記・発音です。

×アラフィラキシー・ショック→〇アナフィラキシー・ショック

ハチの毒などに対するアレルギー反応のこと。アナフィラキシーの綴りは、anaphylaxis。「アナキラフィシー」も、よく見かける間違いです。

×カモフラージュ→〇カムフラージュ

敵などの目をくらますこと。以前は「カモフラージュ」と表記・発音しましたが、今は辞書や放送局では、ほぼ「カムフラージュ」を使っています。

×（絵の）キャンパス→〇キャンバス

綴りはcanvasであり、キャンバスと濁ります。大学などの「キャンパス（campus）」と混同しないように。「キャンパスで、キャンバスに描く」という具合。

△カンマ↓○コンマ

綴りはcomma。かつては「カンマ」とも呼ばれましたが、今の日本の辞書では「コンマ」を見出し語にしています。

△カンファレンス↓○コンファレンス

会議や検討会議。綴りは、conference。ただし、今も病院の症例会議では「カンファレンス」が使われるなど、まだ表記が揺れている言葉です。

×クオーター制↓○クオータ制

議席を女性らに一定数、割り当てる制度。「クオータ（quota）」は、割り当てや分け前という意味で、4分の1を意味するquarterとは違う言葉です。

×スタンディング・オベレーション↓○スタンディング・オベーション

演奏会などで、観客が立ち上がり、拍手をおくること。オベーション（ovation）

は、拍手喝采のこと。

×ドコサヘキサ塩酸↓〇ドコサヘキサエン酸

青魚などに含まれ、頭がよくなるといわれる不飽和脂肪酸の一種。たまたま、酸の前の発音が「エン」なだけで、塩酸ではありません。

×パゴタ↓〇パゴダ

おもに、ミャンマー（ビルマ）の仏塔を指す言葉。インドのストゥーパから発展、変化したもの。綴りはpagodaで、最後は濁音になります。

×バレー団↓〇バレエ団

踊りの「バレエ」は、フランス語由来で、綴りはballet。一方、球技のほうは、volleyballと綴り、カタカナでは「バレーボール」と書きます。

△ハーレム↓○ハレム

トルコなどの後宮。近年は、トルコ語の発音に近い「ハレム」が使われています。

×プロテイン↓○プロテイン

綴りは protein で、「イ」は大きなイを使います。もとは、タンパク質という意味ですが、日本ではおもにプロテイン・サプリメントを指します。

×ホームステイ↓○ホームステイ

留学生が、その国の家庭で暮らし、生活体験をすること。homestay と綴り、こちらも大きな「イ」を使います。

×ボーリング↓○ボウリング

球技のボウリングは、bowling と綴り、bowl は「(ぶつけて)倒す」という意味。なお、「ボーリング」と書くと、穴を掘る作業という意味になります。

×ファックス→○ファクス

近年のカタカナ表記では、「小さなッは、原音ではっきりしているもの以外は、省略する」ことを新聞社や放送局、あるいは辞書の編集では原則にしています。そのルールに従って、かつての「ファックス」は、近年では、「ファクス」と表記・発音されるようになっています。

×ボンバー→○ボマー

爆撃機、あるいは爆弾魔。英語ではボマー。かつてのよく使われた「ボンバー」は、ドイツ語由来の言葉です。

×レゾンデトール→○レゾンデートル

「存在理由」や「存在意義」を意味するフランス語の哲学用語。「わが社のレゾンデートルは何か？」など。伸ばすところを間違いやすいので注意。

◆「ト」か「ド」か、そこが問題だ

×カーバイト↓○カーバイド

炭化カルシウムのこと。炭化物の総称としても使われます。carbide と綴り、最後の音は「ド」です。

×キャスティングボード↓○キャスティングボート

「キャスティングボートを握る」は、二つの多数派の賛否が分かれたときに、少数派が決定権を握るという意味。casting vote と綴り、「ボート」と濁らずに表記・発音します。

×キューピット↓○キューピッド

ローマ神話に登場する翼があって弓矢を持つ裸の少年。Cupid と綴り、最後の音は濁音。

×ジューンブライト↓○ジューンブライド

6月に結婚する花嫁。June bride と綴り、「ブライド」と濁ります。

×テトラポット↓○テトラポッド

消波ブロックの商品名。Tetrapod と綴り、最後は濁音です。

×ハイブリット↓○ハイブリッド

雑種、混成物のこと。hybrid と綴り、これも最後は「ド」。

×バトミントン↓○バドミントン

羽根（シャトル）を打ち合う球技。綴りは、badminton。

×ボートセーリング↓○ボードセーリング

ウインドサーフィンのことですが、その語が商標登録されているため、ＮＨＫなどでは「ボードセーリング」に言い換えています。boardsailing と綴り、「ド」と濁ります。

×メタンハイドレード↓○メタンハイドレート

メタンを含んだ氷のような物質。綴りは methane hydrate で、最後は清音の「ト」が正解。なお、hydrate は含水化合物という意味。

◆「ク」か「グ」か、そこが問題だ

×ジクソーパズル↓○ジグソーパズル

「ジグソー」は糸鋸《いとのこ》のことで、「ジグソーパズル」は絵を糸鋸で切ったパズルという意味。jigsaw と綴り、発音は「ジグソーパズル」と濁ります。

×ジクザク↓○ジグザグ

ぎざぎざに曲がった形。zigzag と綴り、「ジグザグ」と濁音で表記・発音します。

×（衣服の）スモッグ↓○スモック

幼稚園児などが着るゆったりした上着。smock と綴り、最後は「ク」が正解。一方、スモッグ（smog）は大気汚染の一種。

×グリーンバッグ↓○グリーンバック

ドル紙幣のこと。背景（back）が緑色で印刷されているため、こう呼ばれます。最後は清音の「ク」が○。

×ハンモッグ↓○ハンモック

hammock と綴り、最後は「ク」が正解。西インド諸島の先住民族の言葉に由来する言葉です。

×ハンドバック→○ハンドバッグ

handbag と綴り、最後は「グ」が○。ほかに、エアバッグ、エコバッグなど、バッグ類はすべて「グ」と濁ります。

×ブルドック→○ブルドッグ

bulldog と綴り、最後は「グ」と濁ります。シープドッグ、ホットドッグ、アンダードッグ効果（負け犬効果）など、「犬系」はすべて「グ」が○。

Step3

「政治」「経済」は、カタカナ語の理解がカギになる

ひと言で言い換えたい「政治」「経済」のカタカナ語

□インビジブル・ハンド↓見えざる手

自由競争するうち、「見えざる手」に導かれ、社会の繁栄と調和が達成されるという古典派経済学の考え方を表す言葉。経済学の父、アダム・スミスの『国富論』にある言葉。

□サンクコスト↓埋没原価

事業の中止や撤退で、回収できなくなるコスト。サンクコストを惜しみ、見込みのない事業を継続させると、無駄な資本投下を増やすばかりになりやすい。

□インベストメント↓投資、出資

「インベストメント・バンク」は投資銀行、「インベストメント・カンパニー」は投資会社のこと。

□ソフトランディング↓軟着陸

経済用語では、加熱した景気を急激な景気後退を招くことなく、安定成長路線に移行させること。対義語は、ハードランディング。

□ディレギュレーション↓規制緩和、自由化

「貿易のディレギュレーションを進める」など。

□シャドー・キャビネット↓影の内閣

野党の大臣候補をまとめて表す言葉。もとは、英国の野党幹部会をこう呼んだことから、生まれた言葉。

□ディプロマシー↓外交、外交術

「外交」（国と国の関係）以外の意味にも比喩的に使い、「ディプロマシーに欠ける」というと、社交性がない、人付き合いが下手というような意味。

□デタント↓緊張緩和

もとはフランス語で、「ゆるみ」という意味。かつて、米ソの冷戦状態が緩和することを意味する言葉として使われました。

□レガシー↓遺産

政治用語としては、政治的業績。とくに、後世の歴史家らによる評価を意識した業績を指します。「安倍政権のレガシーは何か」など。

□レジーム↓政治体制、政権

たとえば、「アンシャン・レジーム」は旧体制という意味で、本来はフランス革命以前の絶対王政と古い社会を指した言葉。そこから、古い制度に対して、否定的意味で使われます。

□レファレンダム↓直接投票、国民投票

「憲法改正をめぐって、レファレンダムを行う」などと用います。

「政治」の話題についていくためのカタカナ語

□ポピュリスト……政策よりも、人気の獲得を優先する政治家。「ポピュリズム」は、大衆迎合的な政治思想・運動。

□ライシテ……徹底した政教分離原則。フランス革命以来のフランスの国是。

□**リアル・ポリティクス**……現実的な政策、現実政治。「リアル・ポリティクスでは役に立たない空想的政策」などと使います。

□**レームダック**……直訳すると「脚の不自由なアヒル」。任期終了間近で、政治的に死に体となった政治家、とりわけ米国大統領に対して使われることが多い言葉。「レームダック状態の大統領には期待できない」など。

□**ノーブレス・オブリージュ**……「身分の高い者には、果たすべき社会的責任と義務がある」という政治的な道徳観。ノーブレスは高貴さ、オブリージュは強制するという意味。

□**ハニートラップ**……おもに女性スパイが、男性と性的関係を持つことで、機密情報を持ち出させる行為。イギリスのスパイ小説家ジョン・ル・カレの造語で、彼の小説から一般に広まった言葉。

□**エスタブリッシュメント**……制度や体制。今は、それを支配する「支配階級」という意味で使われることが多い言葉。「アメリカの東部エスタブリッシュメント」など。

□**オンブズマン**……もとは、スウェーデン語で「代理人」という意味。現代では、行政監察にかかわる職業名。近年は「オンブズパーソン」と言い換えることもあります。

□**フィリバスター**……議事進行を遅らせるために、長時間の演説を行う妨害行為。与党による採決を阻止したり、遅らせるため、野党が行う行為。オランダ語の略奪者や海賊を意味する言葉に由来します。

□**プロパガンダ**……宣伝活動。おもに、共産主義の宣伝活動に関して使われてきた言葉。ラテン語の「広げる」という意味の言葉に由来。

□ユートピア……理想郷。ギリシャ語の「ou（否定詞）＋topos（場所）」に由来し、本来は「どこにもない国」という意味。今はutopiaと綴ります。

□ユニバーサルサービス……全国均一サービス。「郵便制度をユニバーサルサービスとして維持するには～」などと使います。

「政治」の話題をリードするためのカタカナ語

□アングロスフィア……英語圏の国のうち、英米の価値観、文化、基本法などをおおむねのところ、共有している国。具体的には、英米と、カナダ、オーストラリア、ニュージーランドの計5カ国を指します。

□**ジュニアパートナー**……協力関係（パートナーシップ）を結ぶなか、下位にあるもの。「アメリカのジュニアパートナーとしての日本」のように使います。経済用語としては、共同出資者のうち、持ち株比率が低い者。

□**スイングステート**……米大統領選で、選挙のたびに勝つ政党が入れ変わる州。要するに「激戦州」。フロリダ州、ペンシルベニア州、オハイオ州などが、これに当たります。

□**アンクル・サム**……米国政府のニックネーム。United States と頭文字が同じであることから、政府を擬人化した言葉。

□**ゲリマンダー**……小選挙区の区割りを自党に有利になるようにすること。１８１２年、米国マサチューセッツ州のゲリー知事が、自党に有利なように区割りした選挙区の形がサラマンダー（伝説上のとかげ）に似ていたことから。

□**サイレント・マジョリティ**……物言わぬ多数派。積極的な発言はしないものの、じつは多くを占める人々。対義語は、「ノイジー・マイノリティ（声高な少数集団）」で、少数派ながら、政治に対して大きな影響力をもつ圧力団体などを指します。

□**デレゲーション**……代表団、派遣団、選手団。「五輪に、大デレゲーションを送り込む」などと使います。

「外交」「軍事」に欠かせないキーワード

□**エスニック・クレンジング**……民族浄化。複数の民族が住む地域で、支配的な民族集団が少数派の民族を虐殺し、排除する行動。ユーゴスラビア分裂後の内戦中に生まれた言葉。

□**バランス・オブ・パワー**……勢力均衡。「バランス・オブ・パワーがとれた状態」といえば、潜在的には対立的な関係であっても、勢力が均衡しているため、表面的には安定している状態のこと。

□**パワー・ポリティクス**……軍事力や政治力などの「パワー」によって、自国の利益を確保・拡大しようとする外交政策。

□**フリーライダー**……ただ乗りする人。コストを負担せずに、利益だけを得る者を非難する言葉。かつては、日本が安全保障をアメリカまかせにして、経済発展に専念してきたことへの非難として使われた言葉。

□**グレートゲーム**……19世紀から20世紀初頭にかけての、イギリスとロシアによる中央アジアの覇権争奪戦。

□**ソフトターゲット**……テロ攻撃を行う際、警備が手薄で、標的にしやすい場所や人。場所では、劇場、レストランなど、不特定多数が集まる民間施設などがこれに当たります。

□**タスクフォース**……対策班、専門部隊。ある課題を克服するため、一時的に編成されるチーム。もとは軍事用語で、機動部隊のこと。

□**リンケージ**……一般的には、連鎖、連関という意味。外交交渉では、単独のテーマでは合意できない問題に関して、他の異なる問題をからめて、交渉を成立させる手法。

「経済」に欠かせないキーワード

□**イベントリスク**……大災害、大規模テロなど、世界経済を大混乱に陥れ、株式市場などの大暴落を招くような突発的リスク。「イベントリスクに備える」など。

□**サプライサイド**……供給者側、要するに企業のこと。「サプライサイドを刺激する」といえば、需要と供給のうち、供給側（企業活動）に働きかけることで、経済成長を促そうとすること。

□**スケールメリット**……事業規模を大きくすることによって、もたらされる利益。「合併によるスケールメリットを追求する」など。

□**スラック**……もともとは、ゆるみやたるみという意味。経済用語としては、「需給のゆるみ」、要するに需要の停滞・後退を表す言葉。

□**ゼロサムゲーム**……参加者全員の勝ち負けの「総数（サム）」が、「ゼロ」になるゲーム。たとえば、外国為替市場は、一方が儲ければ、一方が損をするので、勝ち負けの金額の総和がゼロになるゼロサムゲームの代表格。

□**ソフトパッチ**……もとは、雨などで地面がぬかるんだ状態。そこから、経済成長が一時的に鈍化するなど、足踏み状態になること。「ソフトパッチ後のアメリカ経済を展望すると～」などと使います。

□**ニューノーマル**……新しい常態や常識。大きな変化が起きた後は、それ以前とはまったく違う新しい常識のもとで、世の中や経済が動く、という意味を含んでいます。

□**マーケットイン**……顧客志向。「成長の要因は、マーケットインの姿勢を徹底したこと」などと使います。対義語は「プロダクトアウト」。

「金融」「証券」に欠かせないキーワード

□**ブラックスワン**……「テールリスク」と同様、起きる確率は低いものの、起きると重大な影響を与えるリスク。「黒い白鳥」は、めったにいないことから。

□**テールリスク**……これも、起きる確率は低いものの、いったん起きると経済環境や株価などに重大な影響を与えるリスク。具体的には、大災害や大規模テロ、超大企業の倒産などを指します。テール（tail）は正規分布曲線の端の尾になったような部分を意味します。

□ベンチマーク……投資信託などの運用実績の基準となる指標。日本株を扱う投資信託なら、日経平均がベンチマークとなります。

□アンダー・パフォーム……ある金融商品の上昇率が、基準となる指数を下回ること。たとえば、株式投資信託の上昇率が日経平均を下回ることなどを指します。

□キャピタルゲイン……株式、債券、不動産などを売却した際に得られる利益。対義語は「キャピタルロス」。

「広告」「マーケティング」に欠かせないキーワード

□シズルワード……消費者の感覚を刺激するワード。たとえば、もちもち、サクサク、クリーミー、ぜいたくな、濃厚などの形容がこれに当たります。

□**ステルス・マーケティング**……インフルエンサーの体験談などを装って、宣伝と気づかれないように、特定の企業や商品を宣伝する手法。「ステマ」と略されます。

□**セグメント**……一定の基準で区切った集団。マーケティング用語としては、「顧客層を年齢別にセグメントする」のように使います。

□**ターゲティング**……何らかの基準で区切った（セグメント化した）層を狙い、顧客化を図ること。

□**トレンドセッター**……流行を作りだす人、流行を仕掛ける人、流行を決める人など。「ファッション界のトレンドセッター」などと使います。

□**ブランディング**……商品などの価値を高めるマーケティング戦略。「マーケットを拡大するには、新たなブランディングが必要かと～」、「新たなブランディングに合わせて、デザインを一新する」など。

□**ブランド・コンセプト**……商品づくりの骨格となる概念。「ブランド・コンセプトを重視して、商品開発にあたる」など。

□**ボリュームゾーン**……よく売れる価格帯や購買層を指す言葉。「ボリュームゾーンとなる価格帯」、「ボリュームゾーンに受けないと、大きな利益は出ませんよ」など。

□**アイ・キャッチャー**……人目をひきつけるもの。たとえば、ポスターでは、写真やイラストなど。「アイ・キャッチャーとなるものが必要ですね」など。

□**キャッチー**……「人に受けそうな」「注意をひきそうな」という意味。モノや音楽、言葉などの形容に使います。「キャッチーなアイデア」、「キャッチーなデザイン」、「キャッチーなメロディライン」のように。

□**パブリックイメージ**……大衆が抱いている印象、社会的なイメージ。「企業のパブリックイメージを損なう行為」など。

□**マジックワード**……宣伝や説得で、大きな効果のある言葉。殺し文句のこと。「セールスのマジックワードは○○ですよ」など。

□**パンチライン**……ジョークやコントの「オチ」のこと。そこから、発言中のもっとも印象的な部分、聞きどころや決めゼリフという意味でも使います。「このコント、パンチラインがきいてますね」など。

■コラム1■

似ているカタカナ語にご用心

□アール・ヌーボーとアール・デコ

とともに、装飾様式を表すフランス語。「アール・ヌーボー」は「新しい芸術」を意味し、曲線的な装飾が特徴。「アール・デコ」の「デコ」は、1925年にパリで開かれた展覧会名に由来し、ジグザグ模様などの幾何学的な装飾なデザインが特徴です。

□オペラとオペレッタ

「オペラ」は「歌劇」のこと。セリフの大部分が独唱や合唱によって演じられる舞台劇。「オペレッタ」は「小さいオペラ」という意味で、「軽歌劇」と訳され、軽妙なストーリーの娯楽的な作品。

□カフェ・オ・レとカフェ・ラテ

「カフェ・オ・レ」は、フランス語で「コーヒー牛乳」という意味。「カフェ・ラテ」は、イタリア語で「コーヒー牛乳」という意味。同じ意味ですが、後者はエスプレッソコーヒーを少量使うのが特徴です。

□クスクス(couscous)とクスクス(cuscus)

前者のcouscousは、北アフリカなどで食べられている加工食品・料理の名。一方、後者のcuscusは、オーストラリアなどにすむフクロネズミ目の有袋類の動物名。

□コマンド(command)とコマンド(commando)

前者のcommandは、命令や指令。後者のcommandoは、特別な訓練を施された特殊隊員。こちらは「コマンドー」と表されることもあり、アーノルド・シュワルツェネッガー主演のアクション映画は、『コマンドー』で後者の意味。

□サターン（Saturn）とサタン（Satan）

「サターン」は土星のことで、「サターンロケット」など。一方、「サタン」は悪魔のこと。

□シリアル（serial）とシリアル（cereals）

前者は、シリアル・ナンバーなど、連続したという意味。後者は、穀物・とくにコーンフレークやオートミルなどの穀物の加工品を指す言葉です。

□セニョーラとセニョールとセニョリータ

「セニョーラ」は既婚女性への敬称、あるいは奥様、夫人という意味。「セニョール」は男性への敬称、あるいは紳士のこと。「セニョリータ」は未婚女性への敬称、あるいはお嬢さん、娘さんといった意味。

□ソマリアとソマリランド

「ソマリア」はアフリカ東端の国の名。一方、「ソマリランド」は、地域は「ソマリア」と重なるものの、国名ではなく、アフリカ東部のインド洋に突き出した半島地帯を指す地名。

□チップ(chip)とチップ(tip)

前者のchipは、薄片、細片といった意味で、ポテトチップや、ポーカー用のチップなどは、こちらの意味。一方、後者のtipは心付けのこと。なお、野球のファウルチップも、tipと綴ります。

□バイソンとパイソン

「バイソン」は、北米などにすむ野牛。一方、「パイソン」はニシキヘビのこと。

□デウス(Deus)とゼウス(Zeus)

「デウス」はラテン語で神のこと。一方、「ゼウス」はギリシャ神話の主神。

□プリマドンナとプリマバレリーナ

「プリマドンナ」は、オペラで主役をつとめる女性歌手。一方、「プリマバレリーナ」は、バレエの主役をつとめるダンサー。

□モラール(morale)とモラル(moral)

「モラール(morale)」は、やる気のことで、「モラールが高い」「モラールに溢れている」などと使います。一方、「モラル」は道徳という意味。「モラル・ハザード」は、道徳的な危機。

□ロイヤル(loyal)とロイヤル(royal)

カタカナで書くと、どちらも「ロイヤル」ですが、英語ではloyalは忠実な、royalは王室の、という意味です。

Step4

このカタカナ語には、知性と教養のにおいがする

一流社会人がおさえているカタカナ語

□メタモルフォーゼ↓変態

もとは、生物学の「変態」のこと。今は、「変容」という意味でも使います。日本では、アニメや特撮物の登場人物の「変身」という意味でも使われてきました。

□ユーフォリア↓根拠のない過度の多幸感

イタリア語で「幸福感」を意味する言葉に由来する言葉。「株式市場全体がユーフォリア的な熱狂に包まれている」など。

□アジール↓聖域、避難所

もとは「不可侵」を意味するギリシャ語。その中に入った者は、俗界の法規やルールを適用されず、不可侵とされました。日本の神社や寺院の領域も、〝ゆるめ〟のアジールの一つ。

□アルカディア↓理想郷

もとは、ギリシャのペロポネソス半島中央部にある古代の地名。後に「牧人の楽園」とされ、理想郷の代名詞になりました。

□アンセム↓応援歌

特定の集団に対する讃歌・応援歌。「ナショナルチーム応援のため、アンセムを合唱する」など。もとは、イギリス国教会の礼拝で歌われる合唱曲を指す言葉。

□デコラティブ↓ごてごてしている、派手

装飾的に、派手に飾りつけてあるものに対して使う言葉。「デコラティブな空間」、「デコラティブなファッション」など。

□ポイント・オブ・ビュー↓観点、ものの見方

「ポイント・オブ・ビューが違えば、結論も違ってくるもの」など。立場、態度、立脚点という意味にも使われます。

□ボナンザ↓大当たり、思いがけない幸運

もとは、掘りあてた鉱脈という意味。「ボナンザ・ビジネス」は、ボロ儲けできるビジネスのこと。

□マージナル↓周辺の、境界の

「マージナルな存在」や「マージナルな問題」などと使います。また、「マージナルコスト（限界費用）」は、物を新たに一つ作ったり売ったりするのに必要なコストのこと。

□ミクロコスモス→小宇宙

もとはドイツ語で小宇宙の意味ですが、比喩的に、「人体」を指す意味でも使います。

□ルサンチマン→恨み

とくに、哲学者のニーチェが、「弱者の強者に対する憎悪」という意味で使ったことで知られる言葉。「庶民のルサンチマンが、革命の原動力になる」など。

□ダブルバインド→二重拘束

相反する二つの命令やメッセージを受け、板挟み状態になって、身動きできなくなること。もとは精神医学上の概念。

□ブルーブラッド→貴族、名門出身者のこと。

肌が白く、静脈が青く浮き出て見えることから、この呼び名が生まれました。

□ミッシング・リンク↓失われた環
一つの系列のなかで、欠けている部分のこと。たとえば、猿から人間への進化の系統をたどるなかで、まだ発見されず、欠けている化石のこと。

頻出のカタカナ語を日常の言葉に変換する

□アストロロジー↓占星術、星占い
綴りはastrologyで、カタカナで書くと「アストロロジー」と、「ロ」がふたつ重なります。

□アプリオリ↓先験的、先天的
a prioriと綴り、「より先なるもの」という意味。もとは、スコラ哲学で、定義や原理からはじめる議論のこと。

□アバンギャルド↓前衛的な、前衛芸術

もとは、フランス語の軍隊用語で、「前衛（前方に配置される部隊）」を意味する言葉。そこから、芸術の未来（前方）を切り開く芸術運動を指すようになりました。

□エクソダス↓大脱出、大移動

旧約聖書の『出エジプト記』にあるイスラエル人のエジプトからの脱出を指す言葉。今は、難民の国外脱出や大量出国という文脈で使われることがあります。

□ディアスポラ↓離散、民族の離散

ユダヤ人で、パレスチナ以外の地に移り住んだ人々、あるいはコミュニティ。もとはギリシャ語で「散らされている者」という意味。

□カリカチュア↓戯画

文学や絵画で、ある一面を強調し、滑稽化して描いたもの。「～のカリカチュアとして描く」など。

□プレリュード↓序曲、前奏曲

もとは、オペラなどの冒頭に演奏される曲。そこから、比喩的に物事のはじまりを告げるものという意味で使われる語。「新時代の到来を告げるプレリュードとなる」など。

□マチエール↓材料、素材

美術用語では、素材や塗り方によって生み出される質感のこと。「マチエールを重視する作風」など。

□ララバイ↓子守歌
子供を寝かしつけるときに使う「ララ」と、「バイバイ（おやすみ）」の合成語。かつてのヒット曲『六本木ララバイ』など。

□リリシズム↓叙情性
ギリシャの竪琴に合わせて歌う叙情詩「リリック」に由来する語で、感情を直接的に表現する手法を指します。「リリシズム溢れる世界」など。「凛々《りり》しい」とはまったく関係のない言葉。

どんな意味？──「文化」「芸術」関係のカタカナ語

□アンフォルメル……フランス語で「不定形の」という意味。1940年代半ばから50年代にかけて盛んだった抽象的美術・表現に関してよく使われた言葉。

「アンフォルメルな造形」など。

□**コンセプチュアル・アート**……観念性や思想性を重視する前衛作品。1917年にマルセル・デュシャンが発表した男性用便器に署名しただけの作品『泉』を原点とします。

□**ジュブナイル**……本来は「少年期」という意味ですが、日本では「少年少女向けの本」という意味で使われています。「ジュブナイル小説」など。

□**ソフトフォーカス**……写真用語では、焦点をぼかし、画像の雰囲気を軟らかくすること。メイク用語としては、顔の輪郭をぼかしたりするときなどに使います。

□**ディストピア**……ユートピア（理想郷）の正反対の社会。ディストピアを舞台にした作品を「ディストピア小説」、「ディストピア映画」などと呼びます。

□**トリエンナーレ**……もとは「3年ごと」という意味で、3年に一回開かれる美術展。「横浜トリエンナーレ」が有名。

□**トリックスター**……物語の中で、周囲を引っかき回す、いたずら者。そこから、文化人類学では、自由奔放な行動で、常識を揺り動かす存在を指します。

□**トリビュート・アルバム**……亡くなったミュージシャンを追悼するアルバム。トリビュートは、尊敬の印という意味。

□**トロイメライ**……シューマンのピアノ曲集『子供の情景』の中の一曲。ドイツ語で「夢」という意味の言葉に由来。

□**ナビ派**……19世紀末のフランスの画派のひとつ。「ナビ」は、ヘブライ語で預言者のこと。

□ハイカルチャー……文化・芸術のなかでも、高級とされるものの総称。欧米では、クラシック音楽やバレエ、〝和物〟では能、狂言、茶道などが、これに当たります。対義語はカウンターカルチャー。

□パルナス……詩文集。ギリシャ神話の神、アポロとミューズが住んでいたというパルナッソスという山の名に由来します。

□パルムドール……カンヌ国際映画祭の最高賞。フランス語で「金の棕櫚《しゅろ》」という意味で、トロフィの形に由来する名前。

□ピカレスク・ロマン……悪漢を主人公とした小説。16世紀、スペインで書かれはじめた悪知恵のある小悪党を主人公にした物語がその原型。

□**マジックリアリズム**……魔術的リアリズム。小説や美術で、日常に存在するものと存在しないものが融合するような作品に関して使われる言葉。コロンビアの作家ガブリエル・ガルシア＝マルケスの『百年の孤独』が、その代表作として有名。

□**ウッドストック**……アメリカ・ニューヨーク州のロックの聖地。1969年夏、その地で、「愛と平和」をテーマにした野外ロックコンサートが開かれました。

□**エルミタージュ**……ロシアのサンクトペテルブルクの美術館名。もとはフランス語で「隠れ家」を意味し、女帝エカテリーナ2世が愛人との密会用に使った場所であったことから。

□**シャーロキアン**……名探偵シャーロック・ホームズ・シリーズの熱狂的ファン。

□**ハモンド・オルガン**……電子オルガンの一種。1929年、アメリカのローレンス・ハモンドが発明したことに由来する名前。

□**ブルーノート**……ニューヨークや東京の有名なジャズクラブの名。もとは、ジャズでミとシの音を半音下げて演奏する演奏法のこと。

□**バチェラーパーティ**……結婚直前に行う、男性だけの独身お別れパーティ。同様の女性だけのパーティは、「バチェロレッテパーティ」と呼びます。

□**ゴシックロリータ**……中世貴族風の凝ったファッションを指す言葉。略して「ゴスロリ」。

どんな意味？――「神話」「宗教」関係のカタカナ語

□**ドームズデー**……最後の審判の日。そこから、裁判では、判決日のこと。

□**ネプチューン**……ローマ神話の海神。あるいは、海王星のこと。

□**パンテオン**……古代ギリシャの神々を祀る寺院。そこから、「聖地」の代名詞として使われ、「映画界のパンテオンのような場所」などと用います。

□**マイトレーヤ**……サンスクリット語で、弥勒《みろく》菩薩のこと。釈迦の入滅後から56億7000万年後に現れるとされる菩薩。

□**コーラン**……イスラム教の聖典。神（アッラー）がムハンマドに下した預言の書。アラビア語の発音は「クルアーン」に近く、近年は日本でもそう表記することがあります。

□**ザカート**……財産の一部を供出する義務。ムスリム（イスラム教徒）に課された「五行」のひとつ。対象となる財産は、金銀銭、商品、農産物、家畜など。

□**ジハード**……聖戦。もとは「努力」という意味で、異教徒との戦いでの「努力」、つまりは「戦う」ことを意味します。

□**シャーリア**……イスラム法のこと。その内容は、婚姻・相続といった民法、売買・契約などの商法、犯罪の罰則をさだめた刑法、およびイスラム教徒の宗教的義務の決まりなどを含みます。

□ハーディス……預言者ムハンマドの生前の言行をまとめた書。ムハンマドの死後、彼の言行がまとめられ、約一万の事柄がハーディスとして認められています。

□ラマダン……イスラム暦の第9の月で、断食月。イスラム教徒は、この月、日の出から日没まで断食します。

どんな意味？——「哲学」「学問」関係のカタカナ語

□アガペー……真の愛、精神的な愛。キリスト教神学で、人間に対する神の無償の愛を指す言葉。

□アウフヘーベン……弁証法の用語で「止揚《しよう》」。ドイツ語で、もとは「拾い上げる」という意味の動詞。

□**アポリア**……解決できない難問。もとはギリシャ語で、「通路がない」ことを意味する言葉。そこから、論理の行き詰まりという意味が生じました。

□**アンチノミー**……二律背反、矛盾。ドイツ語に由来する言葉。

□**オーラル・ヒストリー**……インタビューによる歴史記録。歴史研究の手法のひとつ。

□**パラドックス**……逆説。「パラドキシカル」は「逆説的な」という意味。

□**ホモ・ルーデンス**……ラテン語で「遊ぶ人」。オランダの歴史家ホイジンガーが人間の特質とした概念。

□ミーイズム……自己中心主義。自分の幸福や満足を求め、自分と利害関係のないことには目を向けない考え方。

□メタフィジカル……形而上学の、という意味。「メタフィジカルな問題」など。

□リベラル・アーツ……教養科目。語学、科学、哲学、歴史などの総称。

どんな意味？――「心理学」「精神分析」関係のカタカナ語

□シンクロニシティ……「同時性」や「共時性」と訳される心理学者ユングの言葉。物理的な因果関係はないものの、意味のある偶然の一致をユングはこの言葉で表現しました。

□**バーンアウト**……燃えつきること。「バーンアウト症候群（＝燃えつき症候群）」は、それまで意欲的に取り組んでいた人が、燃えつきたかのように、モチベーションを失い、社会的に適応できなくなる状態。

□**イド**……精神分析用語で、本能的な衝動の源泉。「エス」とも呼びます。

□**エディプス・コンプレックス**……男児が母親に性愛的な感情を抱き、父親に敵意をもつ無意識的な心理状態。ギリシャ悲劇の『オイディプス王』からの命名。

□**エレクトラ・コンプレックス**……前項とは逆に、娘が父親に対して、性愛的な思いを寄せ、母親に対して無意識的な敵意を抱く心理状態。ギリシャ悲劇の『エレクトラ』からのネーミング。

□**サイコセラピー**……心理療法。外科や内科的な手段ではなく、おもに対話で行う治療法を指します。

□**サイコパス**……反社会的な人格の持ち主を表す言葉。精神病質者。

□**シンデレラ・コンプレックス**……女性が、自分の人生を変えてくれるような「王子様」の出現を待つ依存的な心理を指す言葉。

□**ソドミー**……獣姦、男色。旧約聖書に出てくる悪徳の町「ソドム」に由来する言葉。

□**タナトス**……ギリシャ語で「死」のこと。今は、死にたいという本能を意味します。

□**トラウマ**……心的外傷。ラテン語で「傷」という意味の言葉に由来します。

□**マクベス症候群**……潔癖症。戯曲『マクベス』で、マクベス夫人が殺人を犯し、血塗られた手をしきりに清めようとする行為から。

□**リビドー**……もとはドイツ語で、フロイトが提唱した精神分析上の概念。性エネルギーを意味し、一般には「性欲」とほぼ同じ意味で使われています。

その「イズム」は、どんな「主義」かわかりますか

□**アナーキズム**……無政府主義。「アナーキー」は無政府状態、無秩序という意味。

□**アナクロニズム**……時代錯誤。現代では受け入れられない旧時代的な考えや感覚、行動を指します。

□**キュビスム**……20世紀初め、ピカソやブラックらによってはじめられた芸術運動。物体を立方体、球などに分解・再構成する芸術。「立体派」と訳されます。

□**スノビズム**……俗物根性。スノビズムと濁るのは英語由来で、フランス語では「スノビスム」と後ろの「ス」が清音になります。

□**セクショナリズム**……縄張り根性。自分たちの権利・権益を守るため、外部からの干渉を嫌うセクト主義。

□**ネポチズム**……同族登用。身内を政治的に登用する一族政治。

□**バンダリズム**……文化に対する破壊行為。5世紀、ゲルマン民族の大移動の際、バンダル族がローマを破壊したことから。

□**ペシミズム**……厭世主義。世の中を悲観的にみる考え方。ラテン語で「最悪」を意味する言葉から派生した言葉。

すべて映画のタイトルになったカタカナ語

□**アイス・エイジ**……氷河期。地質年代では、約180万年前から1万年前まで。

□**エヴァンゲリオン**……ギリシャ語に由来し、「よい知らせ」という意味。キリスト教では「福音」という意味に用いられ、聖書では『福音書』（イエスの言行録）を指します。

□**エニグマ**……謎、なぞなぞ、パズル、不可解という意味。第二次世界大戦中、ナチスドイツが用いた暗号機名。

□**コラテラル・ダメージ**……コラテラルは付随的な、二次的なという意味。コラテラル・ダメージは「付随的損害」と訳され、おもにテロや戦争に巻き込まれる一般市民を指す言葉。

□**コンボイ**……護送、護衛。とくに、第二次世界大戦中の護送船団を意味します。

□**シャレード**……もとは、ジェスチャーゲームのことで、そこから謎解きという意味が生じました。

□**ダイハード**……しぶとい奴、なかなか死なない奴というような意味。

□**トータルリコール**……完全な記憶、あるいは完全に思い出すこと。

□**バイオハザード**……生物災害という意味。遺伝子組み替えなどによって、人や環境に危険がおよぶような状態を指します。

□**パブリック・エネミー**……社会の敵、反社会勢力。

□**ライムライト**……発熱したライム（石灰）の光を利用する照明器具。電灯が普及する前に使われていました。

この教養のかおりがするカタカナ語は使ってみたい

□**エルピス**……ギリシャ神話によると、「パンドラの箱」を開けたとき、さまざまな災厄が飛び出したあと、ひとつ箱の中に残されたもの。「希望」や「予兆」と訳されます。

□シアトリカル……演劇的な、劇場風の。「シアトリカルな演出」、「シアトリカルなライブ」のように使います。

□ハイアラーキー……ドイツ語では「ヒエラルヒー（ヒエラルキー）」で、ピラミッド型の階層を指す言葉。もとは、カトリック教会の聖職者の位階制を指します。ハイアラーキーは、その英語読み。

□ブリコラージュ……もとはフランス語で、「寄せ集めて、自分でつくる」という意味。そこから、芸術で、その場にあるものを素材として作品を構成する手法。

□ミメーシス……模倣。ただし、単なる物真似ではなく、芸術で、模倣を利用して本質に迫ろうとする表現に関して使われる言葉。「世界は数のミメーシスである（ピタゴラス）」など。

□**リドルストーリー**……物語中の謎に、あえて答えを出さないことで、読者の想像力を喚起するストーリー。謎が謎のまま残り、「藪の中」で終わる物語。

□**アレゴリー**……比喩。「村上春樹作品の魅力は、新鮮なアレゴリーにある」など。

□**アルカイック**……古風で素朴なさま。「アルカイック・スマイル」は、もとは古代ギリシャ彫刻にみられる微笑。そこから、中国や日本の口角を上げた仏像の表情を指す言葉。

□**エイリアン・アブダクション**……宇宙人による誘拐事件。とりわけ、アメリカ人に多い〝症状〟で、一般的には幻覚の一種とされます。

□**ピジン・イングリッシュ**……東南アジア、アフリカなどで使われている英語をベースにした言葉。「ピジン」は「ビジネス」が中国風になまった言葉。

□**エルドラド**……南米にあるとされた黄金郷。その伝説に、スペインの征服者（レコンキスタ）たちは刺激されて、南米各地を探検、征服することになりました。

□**オートフィクション**……自伝的な小説。作者が自分自身の人生を語るものの、すべて事実にもとづいた自伝ではなく、フイクションをまじえて創作的に書かれた作品。

□**オリジンストーリー**……創世神話。エンタメ作品では、主人公や敵役がそうなるまでのいきさつ、いわゆる「エピソードゼロ」を指すことが多い言葉。

□**コスモロジー**……宇宙論。宇宙の起源や構造に関する科学理論を総称する言葉。

□**ボタニカル**……「植物の」という意味で、「ボタニカル柄」といえば、植物を取り入れたデザイン。「ボタニカル成分配合」は、植物由来の成分を配合しているという意味。

□**サミズダート**……地下出版。ソ連時代、発禁となった書物を手製で複製し、流通させた方式。ロシア語の「サム（自身）」と「イズダート（出版）」を合わせた言葉で、もとは「自主出版」という意味。なお、「サミズダード」ではなく、「サミズダート」が正しい表記・発音。

□**デッド・オア・アライブ**……生死にかかわらず。西部開拓時代のお尋ね者の張り紙には、こう書かれていました。「生死を問わず、捕らえた者に賞金を支払う」という意味。

□**トリビューン**……欧米で、新聞の紙名によく使われる名前。もとは「護民官」という意味。古代ローマの護民官が庶民の利益を守ったことから、権力を監視する新聞の名に使われるようになった言葉。

□**ビオトープ**……生物の生息空間。bio（生命）とtopos（場所）を合わせた言葉で、本来は環境保全や野生動物保護に関して使われる語。今は、家庭などで生き物を飼育する小さな空間という意味で使われています。なお、「ビオトーブ」ではなく、「ビオトープ」が正解。

□**プルートー**……もとは、ギリシャ神話の冥界の王。そこから、「冥王星」の名に使われ、さらには放射性物質のプルトニウムの名にも使われている言葉。

□**プレモダン**……前近代。対義語は、「モダン」あるいは「ポストモダン」。「プレ」は名詞の前について「以前の」という意味を表す語で、「プレ五輪」などと使います。

カタカナ語×日本語の組み合わせでできた言葉

□**ツキジデスの罠**……新興国が成長し、大国化する過程で、覇権国と衝突し、戦争状態になることが高いという歴史法則。今は、中国（新興大国）とアメリカ（覇権国）の衝突を懸念する文脈で使われる言葉です。ツキジデスは、古代ギリシャ時代、この現象を指摘した歴史家。

□**サラミ戦術**……サラミを薄く切って食べるように、気づかれずに相手側に入り込む方法。近年では、中国の各国への浸透戦略をめぐって使われる言葉です。

□**コモンズの悲劇**……「コモンズ」は、誰もが利用できる共有資源のこと。「コモンズの悲劇」は、その管理がうまくいかないと、乱獲され、資源の枯渇を招くことになる現象。「共有地の悲劇」ともいいます。

□**セルロイドの天井**……米国の映画界で、女性の監督や脚本家の活動を阻む見えない障壁。女性に対する見えない障壁は、一般に「ガラスの天井」と呼ばれますが、かつて映画フィルムにセルロイドが用いられたことから、映画界ではこう呼びます。

□**スラップ訴訟**……「名誉棄損」だと訴える言論抑圧を目的とする訴訟。たとえば、週刊誌のスキャンダル報道に対して、政治家らが損害賠償請求訴訟を起こしたり、ちらつかせる手法。そうした訴訟を意味する英語の頭文字をつないだ言葉とslap（平手打ち）をかけた言葉。

□**ハラル認証**……イスラム法に則って、その商品が生産・提供されていることを認める認証制度。たとえば、食品では、宗教と食品衛生の専門家によって構成される認証機関によって「ハラル」であることが認証されています。「ハラル」は、アラビア語で「許されている」という意味。

□ムーンショット目標……「人類を月に到達させる」というアポロ計画のような壮大な目標。イノベーションを目指すには、そうした大きな目標が必要という文脈で使われる言葉。「企業成長のためには、ムーンショット目標が必要だ」など。

□フラット化……平坦化。「組織のフラット化」といえば、ピラミッド型の組織を「平たくする」こと。端的にいえば、管理職ポストを減らすこと。

□シーズ発想……シーズは「種」という意味で、商品・サービスを開発する技術やノウハウのこと。「シーズ発想」は、その企業がもつ「種（技術やノウハウ）」から発想して商品などを開発すること。対義語は「ニーズ発想」で、これは「顧客のニーズから発想する」という意味。

□**ドミノ理論**……ある国が共産化すると、ドミノが倒れるように、近隣の国にも共産主義が波及するという理論。ベトナム戦争時代によく語られた考え方。

□**ABC（エービーシー）兵器**……核（原子）・生物・化学兵器の英語の頭文字をつないだ総称。「NBC兵器」とも呼びます。

□**悪魔のスパイラル**……スパイラルは「らせん」という意味で、悪魔に魅入られたかのように、悪い出来事が連続し、抜け出せなくなるさま。「悪魔のスパイラルから抜け出すには～」など。

□**リープフロッグ現象**……インフラが未整備の途上国や新興国で、既存の技術を飛び越えて、新しい技術・サービスが一気に広まる現象。直訳すると「カエル跳び現象」で、たとえば、家庭用電話網の整備されていない国で、スマホが一気に普及するような現象を指します。「リープフロッグ型の発展」など。

□**エコ・チェンバー現象**……もともと「エコ・チェンバー」は、音楽録音のための「残響室」のこと。そこから、「エコ・チェンバー現象」は、ネット上で好みや価値観の似通った者同士でコミュニケーションを繰り返すことで、特定の考えが「増幅」されていく現象。

□**バックビルディング現象**……積乱雲が風上で連続的に発生し、風下で豪雨が降り続け、集中豪雨の原因になる現象。風上の積乱雲がビルが林立するように見えることから、こう名付けられました。

□**ビロード革命**……1989年、チェコスロヴァキアの社会主義政権が倒れた革命。流血を伴うことなく、「ビロード」のように、滑らかに事態が進行したことから、この名で呼ばれます。

□**マイダン革命**……２０１４年、ウクライナで親ロシア政権が崩壊した政変。「独立広場（マイダン）」で民衆運動が盛り上がり、それをきっかけにして政権が崩壊したことから、この名で呼ばれます。

□**バンドワゴン効果**……選挙で、ある候補者が優勢と伝えられると、その候補者に投票する人が増える現象。「バンドワゴン」はパレードなどの先頭にいる楽隊車のことで、人が楽隊車についていくように、票が集まることから。対義語は「アンダードッグ効果（負け犬効果）」。こちらは、苦戦を報じられた候補に同情票が集まること。

□**ミネルバの梟《ふくろう》**……ローマ神話の女神ミネルバに仕えている梟のことで、知恵のシンボル。ドイツ哲学者ヘーゲルの「ミネルバの梟は黄昏《たそがれ》に飛び立つ」という言葉で有名。

□**ロンギヌスの槍**……イエス・キリストが磔刑《たっけい》に処せられたとき、イエスの死を確認するため、脇腹を刺した槍。聖遺物のひとつ。「ロンギヌス」は、刺した人物の名。

□**バベルの塔**……旧約聖書に登場する伝説の塔。バベルという都市の住民たちが、天まで届く塔を建てようとしたが、神の怒りを買って破壊されたという話から、実現不可能な計画の代名詞。

□**カッサンドラの予言**……不吉な予言。カッサンドラは、ギリシャ神話でトロイアの滅亡を予言したとされるイリオスの王女。

□**ゴルディオスの結び目**……難問の代名詞。あるいは、難問を思いもよらない方法で解決すること。古代の王ゴルディオスが結び、何百年もの間、ほどけなかった結び目を、アレクサンドロス大王が剣で断ち切ってほどいたという伝承に由来。

□**ダモクレスの剣**……危険が迫っていることのたとえ。古代ギリシャのシラクサ王の廷臣ダモクレスが、王の幸福をほめそやしたところ、王は、天井から毛一本で剣を吊るした王座にダモクレスを座らせ、王者の身辺にはつねに危険がつきまとうことを伝えたという故事に由来。

□**タンタロスの飢え**……苦しい飢え、たいへんな苦しみ。タンタロスは、今のトルコの一部の王でしたが、不遜な振る舞いが多く、ゼウスの怒りを買って冥界に送られ、飢渇の刑に処せられたという話から。

□**パリスの審判**……ヨーロッパの神話画のテーマになってきたギリシャ神話中の話。美少年パリスが、ゼウスから、3人の女神（ヘーラー、アテナ、アプロディテ）のうち、誰がいちばん美しいかを判定する役をまかされたという話。

このカタカナ語、ひと昔前と違います

◆すこし前とは微妙に変化したカタカナ語

△インシュリン↓○インスリン

膵臓《すいぞう》から分泌されるホルモンの一種。以前は、医学用語としても「インシュリン」が使われていましたが、2006年から医学用語としては「インスリン」が使われるようになり、今は一般にもこちらの表記が広まっています。

×ウインナーワルツ↓○ウインナワルツ

オーストリアのウイーンから広まったワルツ。以前は「ウインナー」と長音で発音していましたが、近年は原音に近づけて「ウインナ」と伸ばさずに発音することが多くなっています。

×カソリック↓○カトリック

ローマ・カトリック教会の通称。または、その信者。原音は「カトリック」に近く、日本でも、放送局などは「カトリック」に表記・発音を統一しています。

△ネオジウム↓○ネオジム

元素名で、レアメタルの一種。綴りは、neodymium。今はまだ「ネオジム」と「ネオジウム」が混用されていますが、「～ジム」がやや優勢になってきています。

△コサック↓○カザーク

ロシアの辺境民。日本では、英語（Cossacks）由来で「コサック」と呼ばれてきましたが、今は、ロシア語由来の「カザーク（Kazak）」を見出し語にする辞書が増えています。

×カロチン→○カロテン

動物の体内でビタミンAに変化する物質。2000年、食品標準成分表の表記が「カロテン」に改められ、今はメディアでも「カロテン」を使うようになっています。

×バセドー氏病→○バセドー病

甲状腺の疾患。ドイツ人医師のバセドーによって発見されたことから、以前は「バセドー氏病」と呼ばれていましたが、今は「氏」を省くようになっています。

△パネラー→○パネリスト

「パネラー」は和製英語であるため、近年は英語の「パネリスト」を使うことが増えています。

○ハレー彗星、○ハリー彗星

18世紀初め、イギリスの天文学者ハリー（Halley）が、76年後に再び現れると予言し、的中した彗星。天文学者の名は「ハリー」が原音に近く、世界的にはそう呼ばれていますが、日本では今も「ハレー」が広く使われています。

×ミクロン→○マイクロメートル

1000分の1ミリのこと。1992年に新計量法が制定され、猶予期間を経た1997年に「ミクロン」という単位は廃止され、以後は「マイクロメートル」が使われています。

×メンソール→○メントール

ハッカの主成分。もとはドイツ語でmentholと綴ります。化学用語は「thはタ行音で発音する」ことを原則とするため、「メントール」が正式表記とされています。

◆ジェンダーに関係して、言い方が変化した言葉

×カメラマン→〇フォトグラファー

ポリティカル・コレクトネスの観点から、職業名などは、世界的に「性別を含まない言葉」への言い換えが進んでいます。「カメラマン」は「マン（男性）」という言葉を含んでいるので、「フォトグラファー」に言い換えるというように。

×キーマン→〇キーパーソン

これも「性別を含まない言葉」へ言い換えるパターンで、「マン」は「パーソン」と言い換えられることが増えています。他に、テニスなどの「ボールボーイ」を「ボールパーソン」と言い換えるなど。

×チアガール↓○チアリーダー

応援チームの女子団員。かつて使われていた「チアガール」は和製英語。英語（米語）では「チアリーダー（cheerleader）」といい、今は日本でも「チアリーダー」を使うようになっています。

△レディース&ジェントルメン↓○エブリワン

あえて性別を使った表現をする必要もないので、最近の英語では「エブリワン」と呼びかけることが増えています。

◆「スポーツ用語」をめぐる昔の言い方、今の言い方

×アメラグ↓○アメフト

かつては「アメラグ」と呼ばれましたが、近年は正式名の「アメリカン・フット

ボール」を略して、「アメフト」が使われるようになっています。

△（野球の）グローブ↓○グラブ

綴りはgloveで、昔はそれをローマ字読みして、「グローブ」と呼ばれていました。今は、英語の発音に近い「グラブ」というようになっています。

△ストッパー↓○クローザー

日本球界では、抑え投手のことを和製英語で「ストッパー」と呼んでいましたが、近年はメジャーリーグにならって「クローザー」と呼ぶようになっています。

×バッティング・ゲージ↓○バッティング・ケージ

「カゴ」は英語ではcage。打撃練習するとき、打者が入る大きなカゴのようなものは、バッティング・ケージが○。寸法などを意味する「ゲージ（gauge）」は別の単語です。

×ロスタイム→○アディショナルタイム

そもそも「ロスタイム」は、日本だけで使われていた和製英語。日本サッカー協会は、2010年から「アディショナルタイム」に統一し、以後、こちらが使われています。

◆その名前、いまではこう呼ばれています

△アムンゼン→○アムンセン

初めて南極点に到達したノルウェーの探検家。かつては「アムンゼン」と濁りましたが、今は本来の発音に近い「アムンセン」に変わりつつあります。

×アレキサンダー大王→○アレクサンドロス大王

かつては英語由来で「アレキサンダー大王」と呼ばれていましたが、今は原音に

近い「アレクサンドロス大王」や「アレクサンドロス3世」と表記・発音されています。なお、アレクサンドロス王は、マケドニア王国だけでも5人います。

×アンディ・ウォホール↓○アンディ・ウォーホル

アメリカの現代美術を代表する芸術家。綴りはAndy Warholで、かつては「ウォホール」と呼ばれましたが、現在は伸ばすところが変わり、「ウォーホル」に統一されています。

○アンドレ・ジッド、○アンドレ・ジード

フランスの作家。綴りはGideで、今も「ジッド」か「ジード」かで、表記・発音が揺れています。

×イザベル女王↓○イサベル女王

新大陸に到達したコロンブスのスポンサーだった女王。Isabelと綴り、「イサベル」が正しい表記・発音。

○エジソン、○エディソン

このアメリカの発明王の名は、長らく「エジソン」で定着していましたが、綴りがEdisonであることから、近年は「エディソン」と表記・発音されることが増えはじめています。

△エル・シド↓○エル・シッド

中世スペインの貴族であり、騎士。11世紀後半の国土回復運動で活躍しました。シド（シッド）は彼の通称で、今は「シッド」を見出し語とする辞書や歴史事典が増えています。

×カルビン↓○カルヴァン

フランス出身でスイスに亡命し、宗教改革を進めた神学者。彼の名はCalvinと綴ることから、日本では「カルビン」と呼ぶことが多かったのですが、フランス語では「カルヴァン」に近い音で読むため、今は原音に近づけ「カルヴァン」と表すようになっています。

△ガンジー↓〇ガンディー

インド独立運動の指導者。かつては「ガンジー」と書きましたが、近年は現地の発音に近づけるため、「ガンディー」が主流になりつつあります。

×ゲッペルス↓〇ゲッベルス

ドイツ・ナチ党政権の宣伝大臣。綴りは、Goebbelsで、濁音の「ゲッベルス」が〇。

△ゴーギャン↓〇ゴーガン

フランスのポスト印象派の画家。近年、美術書、美術館の解説などでは、原音に近づけて「ゴーガン」と書き表すようになっています。

○コロンブス、○コロン

「コロンブス」という名は英語由来で、スペイン語では「コロン」、イタリア語では「コロンボ」。彼はイタリアのジェノバ出身とみられますが、スペインの後押しで新大陸への航海を成功させました。そこから、今は日本でも「コロン」と表記する人が出はじめています。

×ジギル博士→○ジキル博士

イギリスの作家、スティーブンソンの代表作『ジキル博士とハイド氏』の主人公の一人。綴りはJekyllで、「ジキル」と清音で表記・発音するのが正解。

△ジュリアス・シーザー→○ユリウス・カエサル

「ジュリアス・シーザー」は英語由来の名。今は、古典ラテン語の原音に近い

「ユリウス・カエサル」がよく使われています。

×ジンギス・カン↓○チンギス・ハン

以前は「ジンギス・カン」と呼ばれましたが、「チンギス・ハン」のほうが現地の音に近いことから、放送局などでは後者を使うようになっています。

△ダ・ヴィンチ↓○レオナルド

レオナルド・ダ・ヴィンチは「ヴィンチ村のレオナルド」という意味。かつては「ダ・ヴィンチ」と略されましたが、それは出身村名なので、今は「レオナルド」と略すようになっています。

△ネール↓○ネルー

インド共和国の初代首相。彼の名は、かつての「ネール」から「ネルー」へと伸ばすところが変化しています。

×ヒッチコック→○ヒチコック

サスペンス映画の巨匠。これも、原音ではっきり発音しない小さな「ッ」を省略する方向に変化した名。前のほうの小さな「ッ」を省き、「ヒチコック」と表記・発音するようになっています。

×ホーチミン→○ホー・チ・ミン

ベトナムの初代国家主席。ベトナムの姓名は、上から氏族名、家名、個人名の3つの部分からなります。その間には「・」を入れるのが、日本のマスコミの表記ルール。ただ、地名のホーチミン（旧名サイゴン）は「・」を入れません。

×ホッブス→○ホッブズ

イギリス（イングランド）の哲学者。綴りはHobbesで、「ホッブズ」と濁るのが、本来の発音に近く、○。

〇マゼラン、〇マガリャンイス

大航海時代のポルトガルの航海者。マゼランという名は英語由来で、ポルトガル語の名はマガリャンイス。今は、日本の歴史書にもマガリャンイスと書いたり、「マゼラン（マガリャンイス）」と併記するものが出はじめています。

〇マックス・ウェーバー、〇マックス・ヴェーバー

ドイツの政治・経済・宗教学者。かつては「ウェーバー」でしたが、近年、原音に近づけ、学術書などでは「ヴェーバー」と表記されることが増えています。

×マホメット→〇ムハンマド

イスラム教の預言者、創始者。かつては西欧の表記に従い、「マホメット」と表記されることが多かったのですが、今はアラビア語由来の「ムハンマド」にほぼ統一されています。

×ムッソリーニ↓○ムソリーニ

かつてのイタリアの独裁者。これも〝小さなッ〟を省略するようになり、○のように表記・発音するようになっています。

○ラムセス2世、○ラメセス2世

エジプト新王国時代のファラオの名。近年、マスコミでは「ラメセス2世」と表記する社が現れはじめています。

△ルーズヴェルト↓○ローズヴェルト

第二次世界大戦時のアメリカ大統領。近年、中学・高校の歴史教科書で、「ローズヴェルト」や「ローズベルト」と表されはじめています。世界史関係の事典類でも、後者のように書かれることが多くなっています。

△リンカーン↓〇リンカン

アメリカ南北戦争時、北軍を率いたアメリカ大統領。近年、ほとんどの歴史の教科書で「リンカン」と表記されています。「リンカーン」よりも原音に近いため。

×レンブランド↓〇レンブラント

バロック期を代表するネーデルラントの画家。綴りの最後は「t」で、カタカナ語では清音の「ト」が正解。

◆実はこれだけ変化している「世界史用語」

×オスマントルコ↓〇オスマン帝国、オスマン朝

近年の研究で、オスマン帝国は「トルコ民族の単独国家」ではないという見方が有力になり、「オスマントルコ」という呼び名が避けられるようになっています。

×シーク教→○シク教

16世紀、インドでヒンドゥー教から派生した宗教。「シク」はサンスクリット語に由来し、「弟子」を意味します。かつては「シーク教」と呼ばれていましたが、近年は原音に近い「シク教」を見出し語とする辞書や事典が増えています。

△ボーア戦争→○ブーア戦争、南ア戦争

イギリスによる南アフリカ支配のための戦争。英語ではBoer War。近年は英語の発音に近づけ、「ブーア戦争」を見出し語とする辞書や事典が増えています。

×ムガール帝国→○ムガル帝国

インド最後のイスラム帝国。Mughalと綴り、日本では「ムガール」と表記・発音してきましたが、近年は原音に近づけて「ムガル帝国」と表すようになっています。

×ルネッサンス→○ルネサンス

13～15世紀、イタリアを中心に起きた芸術・思想上の革新運動。かつては「ルネッサンス」と小さな「ッ」をはさんで表すことが多かったのですが、現在では原音により近づけるため、「ッ」を省くようになっています。

Step5

いまさらながらのカタカナ語の超基本

1秒で日本語に言い換えられますか？

□オーセンティック↓本物の、正統な、確実な

保守的で、高級感のあるものを形容する言葉。「オーセンティックなファッション」、「オーセンティックなバー」など。後者は、静かな雰囲気の大人のバーというイメージ。

□カテゴライズ↓位置づける

英語では「分類する」「区分する」といった意味の言葉ですが、日本のビジネス用語としては「商品」の位置づけに関してよく使われる言葉。「カテゴライズしにくい商品」など。

□キッチュ↓俗悪

もとはドイツ語で、悪趣味、まがいものという意味。近年の日本では、否定的な意味ではなく、わざと悪趣味に見せたりして、それを楽しむ仕掛けを指すことが多い言葉。「キッチュな作品」、「キッチュな空間」など。

□ギミック↓からくり

仕掛けや小道具という意味。物語やプロレスでは、「お客を引きつけるための仕掛け」という意味で使われます。「ギミックに溢れた筋立て」のように。

□ジャンク↓がらくた

廃品、無用なものという意味。「ジャンクフード」は、スナック菓子やファストフードのような栄養の乏しい食品。「ジャンクボンド」は、信用度・格付けの低い債券。

□サスティナブル↓持続可能な

近年は、地球環境に配慮した持続可能な産業や開発を表すときによく使われる語。「環境にやさしいサスティナブルな運営が求められる時代」など。

□スキーム↓仕組み、計画、体制

ビジネスでは、枠組みや計画という意味で用います。「不良債権を処理するスキームは以下のとおりです」、「いや、そのスキームでは不十分だと思います」など。

□プロバビリティ↓確率、公算、見込み

カタカナ語としては「かなり高い確率」というニュアンスを含み、「プロバビリティが高い」といえば、十中八九の確率というニュアンス。

□マター↓問題

通常は「難しいマター」など、「問題」という意味で使われますが、ビジネスでは「担当」という意味で使われることも。「それは○○さんマターだと思いますよ」のように。

□メルクマール↓指標、目印

もとはドイツ語。「昭和のメルクマールになった出来事」などと使います。

□メンター↓指導者、助言者、相談役

精神面を含めて、サポートする人のこと。「新入社員のメンターをつとめる」、「○○君のメンターをお願いできないだろうか」など。

□オマージュ↓敬意、賛辞

フランス語の「敬意」という意味の言葉に由来します。「オマージュを捧げる」、「オマージュとして制作する」、「オマージュか模倣か」などと使います。

□アーカイブ↓保管庫

もともとの意味は「公的記録」ですが、今は「公」にこだわらず、記録、資料、史料全般の意味で使われています。「NHKの映像アーカイブ」など。

□エポック↓時代、新時代

「エポック・メイキング」は、新時代を画する、画期的な、という意味。「エポック・メイキングな出来事」など。

□アイロニー↓皮肉、当てこすり、風刺

「反語的な」という意味もあり、これは、自分の考えを強調するため、あえて反対の表現を用いること。「アイロニーに満ちた表現」など。

□エビデンス↓根拠

証拠、根拠という意味で、「その仮説、エビデンスが足りないと思いますよ」、

「その話、エビデンスはあるのですか」などと使います。ビジネスでは、議事録を意味することも。

□アテンド↓案内する

仕事では「接待する」という意味でも使われています。「海外からのお客をアテンドする」など。

□オプション↓選択肢

旅行や自動車、パソコンなどに関して使うときは、標準の内容や規格に、顧客が自分の好みで加えるものを指します。「オプショナル・ツアー」や「オプションで付け足す」など。

□コンサバティブ↓保守的な、伝統的な

「コンサバ」と略し、「コンサバな政治家」など。対義語は「プログレッシブ

(progressive)」で「進歩的な」という意味。

□**ステレオタイプ↓紋切り型**

考え方や行動、表現法などが、ありきたりで、新鮮ではないさま。もとの意味は、印刷用のステロ版（鉛版）のことで、そこから固定観念、定型、紋切り型、決まり文句といった意味が生じました。「ステレオタイプな表現」など。

□**ソリッド↓堅固**

硬質であるさま。「ソリッドな素材」のように、物に対して使うこともあれば、「ソリッドな文体」のように比喩的に用いることもあります。

□**ネゴシエーション↓交渉、折衝**

「ネゴ」と略し、「もうすこしネゴが必要だね」などとも使います。

□ハレーション↓軋轢

もとは写真用語で、強い光線が当たった部分が白くぼやけること。そこから、ビジネス用語としては、悪い反響を招いたり、軋轢《あつれき》を引き起こしたりするという意味で使われます。「各部署からのハレーションが心配です」など。

□レコメンド↓推薦する

「レコメンドしてください」、「本日のレコメンドは〜」など、「おすすめ」という意味で使います。オンラインショップでは、利用者の好みに合わせて商品を推薦する手法の名。

カタカナ語を使って、いろいろなものを形容してみよう

□クリティカル……批判的、危機的。「クリティカルな態度」といえば「批判

的な態度」、「クリティカルな状況」といえば危機的状況という意味。

□**ソフィストケート**……洗練されたという意味。「ソフィストケートされた人物」、「ソフィストケートされたデザイン」など。

□**ファジー**……曖昧な、不明瞭な。「ファジーな表現」、「世の中は、白か黒かで割り切れるものではなく、もっとファジーなもの」などと使います。

□**フレキシブル**……もとは、曲げやすいという意味で、今は、柔軟な、融通の利くといった意味で使われる言葉。「フレキシブルな対応」など。

□**メタ**……超越、一段と高い、という意味をつくる接頭語。たとえば、「メタ認知」は、自らの状態を一段高い視点から認知するという意味。

□**エキセントリック**……行動、習慣、意見などが一風変わっているさま。あるいは、常軌を逸しているさま。「エキセントリックな性格」、「エキセントリックな意見」など。

□**エスニック**……民族的な、民族特有の。ただ、欧米に関して用いるのではなく、アジアやアフリカ、ラテンアメリカなどのファッション、音楽、料理に関して用います。「エスニック料理」、「エスニック音楽」など。

□**クール**……冷たい、冷静。今は、かっこいい、面白い、すごい、という意味にも使われています。「イッツ、クール！」など。

□**シニカル**……冷笑的な、皮肉な。古代ギリシャ哲学のキニク学派に由来する言葉。キニク学派が、精神の独立を目指し、現世を否定したり、揶揄《やゆ》したりしたことから、今の意味が生じました。「シニカルな表現」、「シニカルな態度」など。

□**ショート**……一般には「短い」という意味ですが、ビジネスでは資金、商品、原材料などが「不足する」という意味。「運転資金がショートする」など。

□**スマート**……ほっそりしているという意味のほか、「賢い」や「洗練されている」という意味でも使われる言葉。この意味で、スマートフォンやスマート家電など、「賢い」機器の呼び名にも使われています。

□**タイト**……スケジュールなどが厳しいこと。「現在の人数では、このスケジュールはあまりにタイトです」など。

□**ボーダレス**……境界が薄れて、明確には存在しない状態。「ボーダレスな世界」といえば、国境を越えて、人、モノ、カネなどが動き回る世界。

使える場面がたくさんあるカタカナ語

□**ジャストアイデア**……ただの思いつき、という意味で使われているカタカナ語。思いつきを語るとき、「ジャストアイデアなんですが」のように前置きします。

□**ドラスティック**……強烈な、過激な、根本的な。「ドラスティックな改革」や「ドラスティックな展開」のように使います。

□**ニアリーイコール**……ほとんど同じ、という意味。「それって、この前の話とニアリーイコールですよね」など。

□**バッファ**……緩衝材。「両者のバッファになる」など。余裕があるという意味でも使い、「日程にバッファをもたせる」など。なお、かつては「バッファー」といわれましたが、今は「バッファ」。

□**インテリジェンス**……知能、知性。「インテリジェンスに優れている」など。また、情報活動、諜報という意味もあり、「政府のインテリジェンス機関」など。

□**オーソライズ**……計画や考えが公式に認められること。「そのプランは、役員会でオーソライズされているのですか」のように用います。

□**オポチュニティ**……機会、チャンス。「絶好のオポチュニティを得たと思います」など。

□**オリエンテーション**……新入生や新入社員に、ルールや仕組みを教えること。もとは、方向付けという意味。「今日の午後、新入社員向けのオリエンテーションを行います」など。

□**ベネフィット**……利益、恩恵。「大きなベネフィットを得る」、「当社にとってのベネフィットは何ですか？」などと用います。

いまさら他人には聞きにくいカタカナ語

□**オルタナティブ**……二者択一、代案。近頃は、確立された制度や価値観に替わる新しいものという意味でよく使います。「オルタナティブ（代案）はあるのですか」など。

□**ガイア**……「地球」の代名詞。もとは、ギリシャ神話の大地の女神の名。

□**ガジェット**……道具、装置、仕掛けのこと。最近は、デジカメや携帯電話、携帯ゲーム機のような小型デジタル機器を指すことが多い言葉。

□**ギガ**……今は、スマホのデータ通信量をGB（ギガバイト）で表すため、「ギガが足りない」などと使いますが、もとはギリシャ語でgigāsと綴り、「巨人」という意味。

□**ギーク**……おたく。とりわけ、コンピュータやインターネットに詳しい人。

□**ドメスティック**……家庭的な、家事の、という意味。ほかに、国内の、という意味もあります。「ドメスティック・バイオレンス（domestic violence）」、略して「DV」は、家庭内暴力のこと。

□**パースペクティブ**……遠近法、見取り図。将来の見通し、展望という意味でも使います。「パースペクティブがない」というと、先見性や将来展望がないこと。

□**マウンティング**……もとは、動物が自らの優位を示すため、他の動物に対して馬乗りになる状態。それが人間関係にも使われるようになって、日本では「マウントをとる」の形で、上から目線で威圧的に接するという意味で使われています。

□**アイデンティティ**……本人であると認めるもの。同一人物であることを確認すること。「アイデンティティ・クライシス」は、自己喪失の危機。

□**アバター**……ネット用語では、自分の分身キャラクター。もとはサンスクリット語で、神仏の「化身」を意味し、大ヒット映画のタイトルにも使われた言葉。

□**インフォームド・コンセント**……十分な情報を得たうえでの同意（コンセント）という意味。具体的には、医師が患者の治療、手術などに当たるとき、患者に十分な情報を提供し、患者がそれに同意すること。

□**ウェルメイド**……よくできた。「ウェルメイドなコメディ映画」など。

□**オーガナイズ**……英語としては、準備する、手配する、整理する、組織するなどの意味。カタカナ語としては、おもに「組織する」の意味で使います。名詞の「オーガニゼーション（organization）」は、組織、団体のこと。

□**セカンドオピニオン**……最初に相談した専門家と別の専門家の意見を聞くこと。「他の医者を訪ねて、セカンドオピニオンを求める」などと使います。

□**テンプレート**……もとは、鋳型《いがた》や版型のこと。今はパソコンやスマホの文章作成で、定型文やひな型という意味で使われています。略して「テンプレ」。「テンプレを使って、案内文を作成する」など。

□**ペルソナ**……もとは、仮面のこと。ビジネス用語としては、「仮に顧客と考える層」を指し、「この商品のペルソナは、40歳、練馬区在住の専業主婦です」のように使います。

□**モメンタム**……はずみ、勢い。「時代のモメンタムを感じさせる作品」など。

意味と使い方を完璧にしておきたいカタカナ語

□**アミューズメント**……楽しみ、娯楽、気晴らし。遊園地の乗り物なども、こう呼びます。「アミューズメントパーク」、「アミューズメント施設」など。

□**オーバーシュート**……やりすぎたり、度をすぎたりすること。たとえば、相場が急に下がったときに、「今回の下げはオーバーシュートと思われます」などと使います。

□**オフレコ**……「オフ・ザ・レコード（off the record）」の略で、非公開、非公表という意味。記者に対して、記事にしないことを条件に話す内容を指し、「この話はオフレコでお願いします」など。

□**オムニバス**……もとはラテン語で、「すべてのもののために」という意味。そこから、英語・カタカナ語では、「多数のものを含む」という意味に。映画で「オムニバス作品」といえば、複数作品を同一テーマでつないで、一つの作品にしたもの。「失恋をテーマにしたオムニバス作品」のように。

□**カタルシス**……心の中にたまっていた感情が解放され、気持ちが浄化されること。「大きなカタルシスを得る」、「カタルシスが押し寄せる」などと使います。

□**カルト**……社会から邪教とされるような宗教集団。あるいは、少数の熱狂的なファンに支持されるもの。後者の意味では、「カルト・ムービー」や「カルト漫画」のように使います。

□**コンセンサス**……合意、意見の一致。「関係部署のコンセンサスはとったのですか」など。

□**サブリミナル**……意識下の、潜在意識の、という意味。「サブリミナル広告」は、テレビや映画などに広告映像を瞬間的に挿入し、視聴者の潜在意識に働きかける広告手段の禁じ手。

□**サマリー**……要約、概要。報告書や会議の議事録の要点のまとめ、という意味でも使われます。「サマリーをまとめておきましたので、お手すきの折り、お読みください」など。

□**シンクタンク**……頭脳集団。具体的には、調査、研究、立案などのサービスを提供する企業や研究所を指す言葉。

□**シュール**……フランス語の「シュールレアリスム（surréalisme=超現実主義）」の略。素人目には理解しがたい表現が多いため、現実離れしたことを皮肉るときにも使う言葉。「シュールなギャグ」など。

□**シンポジウム**……特定の問題についての討論会。「ともに飲む」という意味のギリシャ語から派生した言葉で、古代ギリシャでは酒宴、饗宴を意味しました。

□**スクリーニング**……選別する、選考する、ふるい分ける。英語のscreenには「映写幕」「遮蔽幕」のほか、「ふるい」という意味もあります。「上がりそうな銘柄をスクリーニングする」など。

□**タイムラグ**……二つの事柄の間に生じる時間のずれ。「映像と音声に、若干のタイムラグがあるようですね」など。

□**ターニング・ポイント**……変わり目、転換点。「時代のターニング・ポイントとなる」が定番の使い方。

□**ディベート**……討論、議論。近年は、一つのテーマに関して、肯定側と否定側の2グループに分かれて討論し、説得性を競う討論ゲームという意味でも、よく使われる言葉。

□**ディシジョン**……決定、決断、意思決定。「迅速なディシジョンが求められています」、「ディシジョン・メイキング」など。×ディジション。

□**デジャビュ**……既視感。実際には経験したことがないのに、経験したように感じる現象。「初めて訪れた町なのに、前に来たことがあるようなデジャビュにとらわれた」など。

□**デッドライン**……越えてはいけない締め切りや限界。「この件のデッドラインはいつですか」、「デッドラインは○○日です」など。

□**ナレッジ**……知識、知恵、経験、有益な情報。昨今では「ナレッジの共有化が必要です」、「ナレッジ・マネジメントが求められています」などと用います。

□**バッドエンド**……物語が不幸な結末を迎えること。「バッドエンドで終わる物語」など。「ハッピーエンド」の対義語。

□**パフォーマンス**……演技、催物。あるいは、成果、性能、実績。たとえば、「この車はパフォーマンスがいい」といえば、「性能がいい」という意味。

□**パンデミック**……感染爆発。感染症が世界的規模で大流行すること。「パンデミックのように広がる」など。

□**フェイク**……にせ、ごまかし。「フェイクニュース」など。美術の世界では、贋作のこと。

□**フェーズ**……段階、局面、一区切り。「次のフェーズに移る」、「新たなフェーズに入る」など。「チャットGPTの登場で、AI開発も新たなフェーズに入りました」など。

□**プライオリティ**……優先順位。「プライオリティの高いものから、片づけていきましょう」、「プライオリティが低い案件は後回しで」などと使います。

□**ペイ**……賃金。「ペイのいい職場」など。また、「資金を回収する」という意味で使われ、「その話、ペイ、できそう？」など。

□**ヘゲモニー**……主導権、指導的な立場、覇権。もとはドイツ語で、「ヘゲモニーを握る」が定番の使い方。

□**ペンディング**……先送りすること、保留すること。ビジネスでは「この件はいったんペンディングにして、他の点から詰めましょう」などと使います。

□**ポストモダン**……脱近代。１９８０年代、哲学や思想、建築様式でよく使われた言葉で、近代的な合理主義を否定することで、近代を超えようという思想・運動。おおむね、「ポストモダン的」といえば、機能性一点張りではなく、遊び心があるという意味で使われてきた言葉。

□**ボーダーライン**……境界線。「ボーダーラインは、どのあたりですか?」、「合否のボーダーライン上にいる」など。

□**ポテンシャル**……潜在能力があるさま、可能性のあるさま。「彼のポテンシャルは、この程度ではありませんよ」など。

□**メソッド**……方法、やり方。「業績回復のためには、新しいメソッドが必要です」など。

□**メンタリティ**……精神活動、精神状態。「メンタル」の形でもよく使われ、「メンタルヘルス(mental health)」は、精神衛生のこと。

□**モノクローム**……白と黒の。「モノクロームな世界」、「モノクロームなタッチ」など。

□**レトリック**……修辞学、美辞学。比喩や対句、誇張表現など、言葉を効果的に使う文章技術。「彼一流のレトリック」、「レトリックに凝る」など。

知っているようで意外と間違うカタカナ語

□**アイスブレイク**……商談などに入る前の緊張をほぐす雑談。「アイスブレイクには格好の話題ですね」など。むろん、もとは「氷を解かす」という意味。

□**アライアンス**……同盟、連合。ビジネスでは、提携、提携先のこと。「アライアンス契約を結ぶ」、「アライアンスを組む」などと使います。

□**カウンターカルチャー**……対抗文化、反既成文化。とくに1960年代後半の若者による反体制文化を指す言葉。「カウンター（counter）」は反対の、という意味。

□**キュレーション**……もとは、精選という意味。そこから、ネット用語としては「情報のまとめ」という意味で使われています。「キュレーション・サイト」など。

□**クラスター**……同種のものが集まってつくる群れ。コロナ禍では「感染者の集団」という意味で使われる言葉。「クラスターが発生する」など。

□**アーキテクチャー**……建築、建築様式、建築学。コンピュータ用語では、コンピュータの全体設計や設計思想を指します。また、「アーキテクト」は建築家、設計者。

□アパシー……無気力、政治的無関心。「スチューデント・アパシー」など。今は、意欲や関心が失われていく心理症状に対しても使います。

□アンバサダー……広報大使のこと。企業や自治体から依頼・任命されて、広報・普及活動を行う人のこと。「有名芸能人に、アンバサダーへの就任を依頼する」など。

□ベストプラクティス……最善の方法。そこから、「成功事例」という意味でも使われます。「ベストプラクティスを見つけましょう」など。

□マイルストーン……比喩的に、作業工程などの節目という意味で使います。もとは、1マイルごとに置かれた道標となる石のこと。「大目標に向かって、マイルストーンを設定する」などと使います。

□マインドセット……考え方、ものの見方。「マインドセットを変える必要がありますね」など。

□ラストホープ……最後の希望。「彼が、われわれのラストホープです」など。

□インターフェイス……2つ以上のものの境界面。とくに、コンピュータ関係でよく使われ、2つの装置をつなぐ部分を指します。

□エピグラム……警句、機知や風刺に富んだ短い文章。なお、「エピグラフ」は碑文、碑銘という、まったく意味の違う言葉。

□カスタムメイド……特注生産。お客の好みに応じて、特別の仕様で作ること。カスタムは英語では「顧客」という意味。「カスタムメイドのバイク」など。

□**カバレッジ**……カバーしている範囲、対象範囲、補償範囲。「この保険は、○○もカバレッジしています」など。

□**コミュニケ**……公式声明、外交交渉の経過や結果を示す声明書、国際会議の合意内容を表した文書。「両首脳がコミュニケを発表する」など。

□**コンペティター**……競争相手、競合する企業。「プレゼンテーションで、コンペティターとの差別化を図る」など。

□**スラップスティック**……「スラップスティック・コメディ(slapstick comedy)」の略で、どたばた喜劇のこと。スラップスティックは、もとは「劇場で道化役が相手を叩く棒」のこと。

□**ノーティス**……告知、知らせ。ビジネスでは、「取引先の○○さんから、ノーティスがありました」などと使います。なお、「ショートノーティス」は、短い知らせではなく、「急な知らせ」。

□**ナラティブ**……叙述的、物語的。「ナラティブな語り口の読みやすい本」など。

□**フィーチャリング**……特定のものを際立たせること。×フューチャリング。

□**ユーティリティ**……便利なもの、使い勝手のいいもの。「ユーティリティにこだわった新製品」など。「ユーティリティ・プレイヤー」は、スポーツでいろいろなポジションをこなせる選手。

□**リマインド**……再確認、念押し。「リマインドメール」は、確認のためのメール。

□アロマテラピー……ハーブや花の香りをかぎ、心身の健康を図る療法。「アロマ」は香り、「テラピー」は療法で、1930年代にフランスの科学者がつくった言葉。ただし、一般に広まったのは、その半世紀もあとのこと。

□アンソロジー……複数の作家が、同一テーマで書いた作品を集めた選集。「鉄道ミステリー・アンソロジー」など。ギリシャ語の「花を集めたもの」という意味の言葉に由来します。

日本人がなぜか誤解しているカタカナ語

×エキシビジョン→○エキシビション
公開演技、模範試合、展覧会のこと。綴りは exhibition で、○が原音に近く、辞書は「エキジビション」を見出し語にしています。

×エンターテイメント→○エンタテインメント

娯楽、催し・演芸。英語のスペルは entertainment で、ment の前に n があり、「エンタテインメント」が原音に近い発音。最近は、こう書く場合が増えています。

×コミニュケーション→○コミュニケーション

communication と綴るので、「コミ〜」ではなく、「コミュ〜」ではじめるのが正解。

×シュチエーション→○シチュエーション

環境、境遇、立場。situation と綴るので、「シュ」ではなく、「シ」ではじめるのが正解。

×タックスヘブン↓○タックスヘイブン

tax haven と綴り、haven は「避難地」という意味。heaven（天国）とは違う単語なので、ご注意のほど。

×ナルシスト↓○ナルシシスト

自己陶酔型の人、うぬぼれ屋。narcissist と綴り、「シ」を重ねるのが正しい表記・発音。辞書も、こちらを見出し語にしています。

×リラクゼーション↓○リラクセーション

休養、気晴らし。日本では、マッサージと同様の意味でも使われています。綴りは relaxation なので、後者のほうが原音に近い表記・発音。

×エステシャン↓○エステティシャン

全身美容の専門家で、ボディトリートメントや脱毛などを行います。もとが「エステティック（全身美容）」なので、○が正解。

×（色の）グラデュエーション↓○グラデーション

色の濃淡の段階的な変化を表す言葉。色に関して使うと×になる「グラデュエーション」は卒業という意味。

×ハングライダー↓○ハンググライダー

綴りは hang glider で、gが重なります。カタカナでも「グ」を重ねるのが正解。

×マゼンダ↓○マゼンタ

magenta と綴り、色の三原色のひとつ。19世紀、イタリア・ミラノ近郊の町のマゼンタで、鮮やかな赤色の染料が発見されたことから、こうネーミングされました。

×ファンタジック↓〇ファンタスティック

空想的、幻想的という意味。「ファンタジー」という言葉を形容詞化した「ファンタジック」は、日本人がつくった言い方。英語では、fantastic と綴ります。

△レジメ↓〇レジュメ

英語では、履歴書という意味に使うことが多い言葉。日本では、書類、配付物のこと。もとはフランス語で、綴りは résumé。〇がそれに近い表記・発音です。

×ワーカーホリック↓〇ワーカホリック

仕事中毒。work と alcoholic をつなげた造語で、workaholic と綴ります。「ワーカー」よりも「ワーカ」が原音に近いため、新聞社などでは、〇を使っています。

■コラム2■

そのカタカナ語、どこで「切る」？

◆「切る場所」を間違いやすいカタカナ語

×アカ・ペラ→○ア・カペラ

無伴奏合唱のこと。綴りは a cappella なので、「アカ・ペラ」ではなく、ア・カペラと区切ります。

×コレステ・ロール→○コレ・ステロール

体に広く分布する脂肪質のひとつ。ギリシャ語の chole（胆汁のこと）と stereos（固体）の合成語なので、「コレ・ステロール」と区切って読むのが正解。

△スイトピー↓○スイート・ピー

マメ科の植物。綴りは sweet pea で、「スイート・ピー」と区切って読みます。

×ティラミス↓○ティラ・ミ・ス

イタリアのデザート菓子。tira が「引っ張る」、mi が「私を」、su が「上へ」で、ティラ・ミ・スは、「私を上へ引っ張りあげて」↓「私を元気にして」という意味。

×デファクト・スタンダード↓○デ・ファクト・スタンダード

事実上の標準。de facto standard と綴り、「デ・ファクト」と区切って読みます。de facto はラテン語で「事実上の」という意味。

×トリコ・ロール↓○トリ・コロール

フランス語で tricolore と綴ります。三つ（tri）の色（colore）という意味なので、「トリ・コロール」と区切って発音するのが正解。

×ドンキ・ホーテ→○ドン・キホーテ

Don は下級貴族の敬称。Quixote は姓で、「ドン・キホーテ」は、キホーテ卿といった意味。

◆「切る場所」を間違いやすいカタカナ地名

×エルサル・バドル→○エル・サルバドル

中米の国。El Salvador と綴り、意味は「救世主」。El は英語の the に相当するスペイン語の限定詞なので、ここで区切って発音します。

×クアラルン・プール→○クアラ・ルンプール

マレーシアの首都。Kuala Lumpur と綴り、泥んこの川や、泥の川が合流する場所といった意味。

×サン・タフェ→○サンタ・フェ

アメリカのニュー・メキシコ州の州都。日本ではサン・タフェと発音する人が多い地名ですが、Santa Fe と綴り、サンタ・フェが正しい発音。

×ニュージー・ランド→○ニュー・ジーランド

New Zealand と綴り、○のように区切るのが正解。「ジーランド」はオランダの地方名ゼーラントに由来し、ニュー・ジーランドは〝新しいゼーラント〟という意味。

×プエル・トリコ→○プエルト・リコ

Puerto Rico と綴り、puerto は港、rico は豊かなという意味で、合わせて「豊かな港」という意味。

Step6

「人」「場所」「モノ」のカタカナ語は落とし穴がいっぱい

「人」を表すカタカナ語を日本語に言い換える

□アントレプレナー↓起業家

ゼロから企業を立ち上げる人。とくに、ベンチャー・ビジネスの起業家を指す言葉。「アントレプレナーシップ」は「起業家精神」。

□エピキュリアン↓快楽主義者

古代ギリシャの哲学者エピクロスの名にちなむ言葉。エピクロスは、魂の平安を得ることを精神的な快楽とする「快楽説」を主張したのですが、後世、その説が誤解されて、「感覚的な快楽を求める人」という意味で使われることが多くなりました。

□ファンダメンタリスト↓根本主義者、教条主義者

「ファンダメンタル」は、基本的、根本的であるさま。「ファンダメンタリスト」は、キリスト教やイスラム教で、聖書やコーランの記述をすべて正しいとし、その教えを文字どおりに解釈する根本主義者のこと。

□スキルドワーカー↓熟練工

一般的には、熟練工全般を指しますが、近頃の日本では、「高い技術を持った労働移民」という意味で使われることが増えています。「スキルドワーカーを優先的に受け入れる」のように。

□ヴィーガン↓完全菜食主義者

「ベジタリアン」は、さまざまな菜食主義者の総称。おおむねは、肉と魚を食べない人を指します。一方、「ヴィーガン」は、肉・魚に加え、卵、乳製品、はちみつなどの動物性食品も口にせず、植物性食品のみを食べる人を指します。

□オポチュニスト↓日和見主義者、ご都合主義者
自分の信念や主張とは関係なく、そのときどきで利益になるよう、都合よく行動する人。「機会主義者」とも訳されます。

「人」を表す大事なカタカナ語

□ケインジアン……経済学のケインズ学派の人。「財務省はケインジアンの巣窟」、「もう何十年も、ケインジアンはシカゴ学派におされている」などと使います。

□コスモポリタン……国際人。国籍を越えて、グローバルな視野で行動する人。定住しないで、世界を放浪する人。カタカナ語としては、「コスモポリタンな感覚」のように、形容動詞的にも使います。

□**サイコメトラー**……超能力者。その人の持ち物などに触れるだけで、その所有者の考えや思いを読み取る能力者のこと。

□**プロパー**……もとは、正当な、本来の、という意味。そこから、カタカナ語としては、正社員、生え抜きの社員を指す言葉として使われてきました。「彼はうちのプロパーです」のように。

□**ミューズ**……ギリシャ神話で、音楽・学術・文芸などを司る女神。「あなたは、私のミューズだ」、「サルバドール・ダリのミューズはガラだった」などと比喩的にも用います。

□**ディーバ**……女性ボーカリストのこと。もとはイタリア語で「歌姫」という意味。オペラでは、プリマドンナを指します。

□**デラシネ**……フランス語で、根を断ち切られたという意味で、根無し草のこと。そこから、「母国を離れた人々」という意味で使われます。

□**ファムファタール**……フランス語で、魔性の女、運命の女。オペラ『カルメン』では、カルメンがドン・ホセにとってのファムファタール。谷崎潤一郎の『痴人の愛』ではナオミがファムファタール。

□**ファンタジスタ**……サッカーで、創造性のあるプレーをする花形選手を指す言葉。華麗なプレーを持ち味とするゲームメーカーがこう呼ばれます。

□**アッパーミドル**……中流の上の階級。企業経営者や幹部サラリーマン、医師や弁護士など、おおむねのところ、高給で社会的地位のある専門職についている人々を指します。

□**クランケ**……ドイツ語で、患者のこと。日本でも、医師や看護師らが使っています。

□**アーミッシュ**……キリスト教徒の一派で、アリメカやカナダの一部で暮らすドイツ系移民の宗教集団。自動車や電気を用いず、18~19世紀的な生活を送っています。

□**ヴァージン・クイーン**……エリザベス1世のこと。英国の世界制覇の礎を築いた女王。諸国の王侯からの求婚に対して応じることなく、生涯結婚しなかったことから、この異名をとるようになりました。

□**オールドタイマー**……古参、古顔。文脈によっては、時代遅れの人という意味でも使われる言葉です。

□カサノバ……女たらしの代名詞。18世紀、イタリア生まれの実在の人物で、自らの女性遍歴を綴った書『回想録』を執筆しました。

□キャリオカ……ブラジルのリオデジャネイロの住民、あるいはその出身者。「カリオカ」とも書きます。「白人の家」という意味の現地の方言に由来するとみられる言葉。

□シェルパ……ヒマラヤ山脈に住む高地民族の名。彼らが、登山隊の案内役や荷運びを担ってきたため、そうした仕事の職業名としても使われます。もとは、チベット語で「東の人」という意味。

□フェミニスト……男女同権論者、女権拡張論者。日本では「女性にやさしい男性」という意味に「誤用」されてきましたが、近年はこちらの意味で使われることは減ってきています。

□**マエストロ**……イタリア語で、芸術関係の巨匠、大家のこと。名指揮者に対してよく使われる言葉ですが、指揮者という意味ではありません。

□**モナミ**……私の友、私の愛する人。名探偵ポワロ（ベルギー人という設定）が助手のヘイスティングズに対して、呼びかける言葉として有名。

□**ラジカリスト**……過激派、急進派。「ラジカル」は根本的な、という意味。最近は、「ラディカル」とも書き表します。

□**ラショナリスト**……合理主義者、理性主義者。「彼はラショナリストだから、情には流されないと思うよ」などと使います。

□**レートカマー**……遅れてきた者、遅参者。「時代のレートカマーとして登場する」など。

「場所」を表す基本のカタカナ語

□**マルシェ**……フランス語で、市場のこと。日本では、デパ地下など、食品売り場の愛称によく使われています。

□**アビタシオン**……日本では高級マンション名によく使われる言葉ですが、フランス語では単に「住居」という意味で、おもにアパートや団地に対して使われる言葉です。

□**グランメゾン**……日本では、高級マンション名によく使われる言葉。「大きな建物」を意味し、フランスでも高級な施設を指す言葉として使われています。

□**アトリウム**……屋内空間。とくにアクリルパネルなど、自然光を通す材質の屋根で設けた大規模空間。もとは、四方を建物で囲まれた中庭を意味した言葉。

□**コリドー**……回廊、通路、路地のこと。東京・銀座の「コリドー街」は、飲食店が並ぶ通り。銀座としては庶民的な店が並んでいます。

□**サードプレイス**……自宅、職場・学校に次ぐ、第三の自分の居場所。メンタルヘルスを良好に保つため、必要だともされる場所。

□**サンクチュアリ**……もとは、宗教上の聖域。そこから、宗教以外の場でも、「侵してはならない神聖な場所」、「保護区」、「避難所」という意味で使います。

□**デポ**……もとはフランス語（dépôt）で、荷物置き場、保管所のこと。日本では、出張販売所という意味でも使われています。

□**ホットスポット**……紛争地点、感染症の流行地帯、人気のある場所など、それぞれに「沸騰」している場所に関して使います。もとは、マグマが地表にまで噴出している場所。

□**マスカレード**……仮面舞踏会、仮装パーティ。「マスカレードナイト」など。

□**ラビリンス**……迷路、迷宮。もとは、ギリシャ神話で、ミノス王が怪物ミノタウロスを閉じ込めるために、工匠ダイダロスに命じて作った迷宮。「現代のラビリンス」など、比喩的に使うことが多い言葉です。

□**ロンパールーム**……子供の遊び部屋。日本では、かつての子供向け番組の名前。

「ロンパー」は、腕白、やんちゃを意味する言葉。

□**ワームホール**……宇宙に空いた通路。「ワーム」は、ミミズなど、細長い虫の総称で、「ワームホール」は、もとはリンゴなどの果実の虫食い穴を意味する言葉。

「場所」を表す教養のカタカナ語

□**ウォールストリート**……ニューヨークの証券取引所のある場所。そこから、米国金融市場の代名詞として使われます。昔は、砦の壁（ウォール）があったことから、この名に。

□**キャピトルヒル**……米国の首都ワシントンにある小高い丘。米国連邦議事堂や最高裁判所がこの丘の上にあり、アメリカの政治・司法、あるいは権力を象徴する言葉。

□**グリニッチビレッジ**……ニューヨークのダウンタウンにある街。芸術家が集まる場所として有名で、かつてのカウンターカルチャーの中心地。

□**ラストベルト**……直訳すると、錆びついた帯（のようなエリア）という意。アメリカで、重工業（鉄鋼、石炭、自動車など）を主力産業としてきた北西部から北東部にかけての複数の州（ミシガン、オハイオ、ウィスコンシン、ペンシルベニアなど）を指す言葉。

□**カルチェラタン**……フランスのパリの学生街。かつての学生運動の中心地。「カルチェ」は地区、「ラタン」はラテン語を意味し、中世、ヨーロッパ各地から集まった学生たちの共通語がラテン語であり、この地区ではラテン語がよく使われていたことに由来します。

□**モンパルナス**……パリの地区の名。1920年代には、地価、家賃が安かったことから、貧しい芸術家が集まった街として有名。ギリシャ神話で、芸術の女神たちが住んでいたというパルナッソス山に由来する名前。

□**ソーホー**……ニューヨークのソーホー（SoHo）は、倉庫などを利用して、芸術家が多く住む街。ロンドンのソーホーは、ナイトクラブやレストランがたち並ぶ繁華街。

□**シャングリラ**……理想郷、楽園。ジェームズ・ヒルトンの小説『失われた地平線』に登場する理想郷の名に由来します。今では、高級なホテルやクラブの名によく使われる名称。

□**セブンサミット**……7大陸の最高峰を総称する言葉。エベレスト（アジア）、エルブルス山（ロシア）、キリマンジャロ（アフリカ）、デナリ（旧マッキンリー山・北米）、アコンカグア（南米）、コジオスコ（オーストラリア）、ヴィンソン・マシフ（南極）の7つの山々の総称。

□**ディキシー**……アメリカ南部の通称。なかでも、南北戦争期に南部連合を結成した州を指します。「ディキシーランドジャズ」など。その由来をめぐっては、「Dixと書いてある10ドル紙幣が通用していた地域」など、諸説あります。

□**ルビコン川**……イタリア北部の川。「ルビコン川を渡る」は、重大な決心をして事に当たること。カエサルが禁を破って軍を引き連れてこの川を渡り、ローマに進軍したことに由来します。

□**ロンシャン**……パリのブローニュの森の中の地名。「凱旋門賞」が行われるロンシャン競馬場があり、世界競馬界の聖地。

「モノ」を表す新鮮なカタカナ語

□**ロボットメール**……パソコンで打った心のこもっていない郵便物を指す俗語。

□**エトワール**……日本では、店舗名や企業名によく使われる言葉ですが、フランス語としての意味は「星」。

□**キメラ**……頭はライオン、胴はヤギ、尾はヘビの姿をした怪獣。そこから、「キメラ的」というと、いろいろな側面をもつ人や組織の形容。

□**サムネイル**……ＩＴ用語としては、画像や文書のファイルを縮小表示したもの。

本来は、親指の爪のことで、そこから「小型の」という意味が生じた言葉。

□**セラミド**……細胞膜にある脂質の一種。肌の保湿性や柔軟性を維持する物質。「セラミド配合」など、化粧品の成分紹介によく使われています。

□**マキアージュ**……日本では、大手化粧品メーカーのブランド・シリーズ名に使われている言葉。フランス語では単に「化粧」という意味。

□**ミクスチュア**……2種類のものを混ぜ合わせた混合物。「東西文明のミクスチュア」など、比喩的にも使われます。

□**アスコットタイ**……幅広のネクタイ。「アスコット」は、英国の名門競馬場の名。同競馬場で観戦する際、貴族らがこのタイプのネクタイを着用したことから。

□**アスピリンスノー**……粉状の薬のアスピリンのように、さらさらとした雪。日本のアスピリンスノーを求めて、近年は、北海道のニセコなどに、オーストラリアなどからのスキー客が押し寄せています。

□**オートクチュール**……高級婦人服仕立店、高級婦人服。フランス語で、「オート」は高級な、「クチュール」は婦人服仕立業という意味。

□**カーボンコピー**……そっくりな模倣品。もとは、カーボン紙を用いた写しのこと。「カーボンコピーのように、そっくり」などと、比喩にも使います。

□**スワローテール**……燕尾服。あるいは、燕尾服の裾のようなカットの形。

□**ダウナー**……鎮静剤。違法薬物を指す場合にも使われます。「ダウナー系の薬物」など。

□**ダッフルコート**……「ダッフル」は、ベルギーの町の名。英国海軍がその町産の厚手の生地を防寒具用に採用、第二次世界大戦後、大量放出したことから世界に広まったコート。

□**デコルテ**……胸元のこと。胸元が大きく開いたドレスが「ローブ・デコルテ」。

□**ピクトグラム**……絵文字。トイレの男女別のマークや非常口のマークなど、案内表示に使われるマーク。「ピクト」は「ピクチャー」に由来、「グラム」は書かれたものという意。

□**プラーク**……歯垢。「プラーク・コントロール」は、虫歯予防のため、歯垢を除去すること。

□**フラッグシップ**……艦隊の中心となる司令官旗をかかげた艦船。そこから、そのグループで最重要のものを指し、たとえば「フラッグシップショップ（旗艦店）」は、そのチェーンの中心となる大型店舗のこと。

□**マントルピース**……暖炉の飾り枠。暖炉そのものではなく、その装飾的な枠を指します。

□**ムーラン**……風車。日本でもよく知られた「ムーランルージュ」は「赤い風車」という意味で、パリのモンマルトルにあるキャバレー。

□**ライナーノーツ**……CDなどについている小冊子に書かれている解説。「ライナー（アルバムジャケットの裏地）に書かれたノーツ（解説文）」という意味。

□**ラウンド・テーブル**……円卓。「ラウンド・テーブル・コンファレンス」は「円卓会議」。

間違いやすいカタカナ語の「名前」

×アガリスク→○アガリクス

サプリメントに使われるキノコの一種。綴りはagaricusで、「～リスク」ではなく、「～リクス」が正解。

×アタッシュケース→○アタッシェケース

書類カバン。日本では長らく×が使われてきましたが、○が原音に近く、近年、放送局などでは○を使うようになっています。もともと、「アタッシェ」はフランス語で、大使館などに派遣される専門職員のこと。彼らが書類運搬の際、このタイプのカバンを使ったことから。

×アルカパ→○アルパカ

南アフリカ原産のラクダ科ラマ属の動物。綴りはalpaca。南米先住民の言葉のケチュア語で、「金髪」や「黄赤色」という意味で、その毛色からのネーミング。

×カピパラ→○カピバラ

世界最大のネズミ。その名はスペイン語由来で、「水の豚」という意味。綴りはcapybara。

×ギブス→○ギプス

もとは「石膏」という意味で、綴りはGips。19世紀、オランダの軍医が、兵士の傷を負った部位を石膏で固めたことから、今の意味でも使われるようになりました。

×ジキタリス→○ジギタリス

強心剤にも劇毒にもなる植物。Digitalis と綴り、「ジギタリス」が原音に近い表記・発音。

△タンバリン→○タンブリン

英語の発音は○に近く、最近の音楽の授業や教科書では、○を使うようになっています。

○ナフタリン、○ナフタレン

防虫剤などに使う化学物質。近年は「ナフタレン」を見出し語にする辞書、事典が増えています。

△ニッカド電池→○ニカド電池

正式名は、「ニッケル・カドミウム蓄電池」。以前は「ニッカド」と略されましたが、近年は「ニカド」という表記が増えています。

×メリーゴーランド→〇メリーゴーラウンド

英語で書くと、merry-go-round。round なので「ラウンド」と表記・発音するのが正解。

間違いやすいカタカナ語の「食べもの」

×アボガド→〇アボカド

別名「森のバター」と呼ばれる果実。綴りは avocado で、「カ」は濁らないほうが、原音に近い表記・発音。スーパーの青果売り場などでも、商品名を「アボカド」とするケースがいまや主流。

△ウィスキー↓○ウイスキー

酒税法上の表記は、大きな「イ」使った「ウイスキー」。辞書も○を見出し語にし、新聞なども○のように表記しています。

△ココナッツ↓○ココナツ

ココ椰子の実。これも、「原音ではっきり発音しない小さなッ」を省く方向の変化の一例。ただし、まだ表記は揺れています。

△コチジャン↓○コチュジャン

韓国料理の調味料。近年は、原音に近い「コチュジャン」が優勢になりつつあります。

×サラミソーセージ↓○サラミ

イタリアでは、単に「サラミ」と呼びます。日本では、長らく「サラミソーセージ」と呼ばれてきましたが、近年は単に「サラミ」と呼ぶことが増えているようです。

×（紅茶の）ティーバック↓○ティーバッグ

綴りはteabagなので、「グ」と濁るのが正解。

×ファーストフード↓○ファストフード

この「ファスト」は、「一番」を意味するfirstではなく、「速い」を意味するfast。その発音が「ファースト」より「ファスト」に近いため、○のようにいうことが増えています。

×（牛脂）ヘッド↓○ヘット

牛からとった脂。もとはオランダ語でvetと綴り、発音は「ヘット」に近い言葉。英語のhead（頭）とは関係のない言葉です。

大人として知っておきたい「食」に関する言葉

□**アントルメ**……もとは、フランス語で「料理の間に」という意味で、メインディッシュとデザートの間に出される軽い料理のことでした。今では、おおむねデザートを意味します。

□**ガドガド**……温野菜やゆで卵などに、ピーナッツソースをかけて食べるインドネシア料理。もとは、インドネシア語で「ごちゃ混ぜ」という意味。

□**クラムチャウダー**……貝類などを使ったシチュー。「クラム」は二枚貝の総称。「チャウダー」は大鍋を意味するフランス語に由来します。

□**ゴルゴンゾーラ**……イタリア生まれのブルーチーズ。ミラノ近くの町名に由来します。

□**シュラスコ**……肉を串刺しにして炭火で焼く中南米の料理。その名は、バスク語で火や炎を意味する言葉に由来するという説があります。

□**シシケバブ**……羊肉と野菜を串焼きにしたトルコ料理。「シシ」は焼き串、「ケバブ」は肉を焼く料理の総称。なお、「ドネル・ケバブ」は、肉を回転させながら焼く肉料理。「ドネル」はトルコ語で「回転」という意味です。

□**スペシャリテ**……もとはフランス語で、その店の名物料理。そのレストランの顔となるような料理のこと。

□**チャツネ**……インドで、カレー料理に欠かせないペースト状の調味料。フルーツなどの果肉に、とうがらし、にんにく、酢などを混ぜてつくります。ヒンディー語で「なめる」を意味する言葉に由来します。

□**トラットリア**……イタリアでは、大衆的なレストランをこう呼びます。一方、ドレスコードのあるような高級レストランは「リストランテ」。

□**ナシゴレン**……インドネシアやマレーシアのチャーハン。インドネシア語で、「ナシ」はご飯、「ゴレン」は油で炒めるという意味。

□**ナンプラー**……タイ料理に用いる魚醤《ぎょしょう》。「ナン」は液体、「プラー」は魚のことで、小魚を発酵させてつくります。

□**ニョッキ**……団子風のパスタ。古ゲルマン語で「塊」を意味する言葉に由来するという説があります。

□**ヌーベル・キュイジーヌ**……新しい料理。フランス語で、「ヌーベル」は新しい、「キュイジーヌ」は料理法のこと。

□**パニーノ**……イタリアのトースト・サンドウィッチ。イタリア語でパンを意味する「パーネ」に、接尾辞のinoがついた言葉です。

□**ビーフストロガノフ**……ロシアの肉料理。ストロガノフ伯爵の名に由来し、「ストロガノフ家に仕えていたフランス人シェフが考案した」と伝えられています。

□**ブランジェリー**……フランス語で「パン屋」を意味する言葉。英語由来の「ベーカリー」にかわって、日本でも使われるようになっています。

□**フランベ**……フランス料理の調理法。肉にブランデーやラム酒などをかけ、火をつけて、一気にアルコール分を飛ばす料理法。最後の香り付けに使われます。なお、「フラッペ」は、氷を使ったスイーツや飲み物の総称で、意味の違う言葉。

□**プリフィクス**……フランス料理の注文方式。前菜、メインディッシュ、デザートなどが何種類かずつあり、そこから一つずつ選ぶ方式。

□**マスカルポーネ**……イタリア・ロンバルディア産のクリームチーズ。この名の由来をめぐっては、「ミルクのクリーム」を意味する方言に由来するなど、諸説あります。ティラ・ミ・スの材料に使われることから、日本でも有名になりました。

□**マリアージュ**……もとはフランス語で「結婚」(英語の「マリッジ」に相当)のこと。そこから、ワイン用語として、料理とワインの組み合わせという意味で使われます。

□**ラビオリ**……詰め物をした四角形のパスタ。イタリア語で「残り物」を意味する言葉に由来します。

□**ランチョンミート**……すぐに食べられるように調理した肉。具体的には、ハムやソーセージ類を指します。「ランチョン」は「ランチ」と同じ意味。

□**ルッコラ**……アブラナ科の野菜。地中海沿岸原産で、サラダなどに使います。「ルッコラ」はイタリア語に由来しますが、同語では「ルーコラ」のように発音します。

大人として知っておきたい「飲み物」に関する言葉

□**アウスレーゼ**……ドイツワインの品質等級のひとつで、特級酒を意味する言葉。

ドイツ語で「精選されたもの」という意味。

□**アールグレイ**……ベルガモットの香りをつけた紅茶。アールグレイは「グレイ伯爵」という意味で、イギリスのグレイ伯爵が紹介したことから、この名がついたとされます。

□**ヴァイスビア**……ドイツ語で、白ビールのこと。普通の小麦ではなく、小麦のもやしから作るビール。「ヴァイス」とは「白」という意味。

□**ギムレット**……ジンベースのショートドリンクタイプのカクテル。英国海軍軍医のギムレットの名に由来します。彼は健康のため、ジンを薄めて飲むようにすすめた医者。

□**シュナプス**……ドイツのアルコール度の高い蒸留酒。無色透明で、いわばドイツ焼酎。「シュナップス」とも表記・発音します。その名は、「一口」、「一呑み」というドイツ方言に由来。

□**トゥワイスアップ**……ウイスキーなどを氷抜きで、酒と水を1対1の比率で割って飲む飲み方。「トゥワイス（2倍という意）」と、「ストレートアップ（氷抜きという意）」を合わせた言葉。「スコッチをトゥワイスアップで」などと使います。

□**パウリスタ**……もとはポルトガル語で、コーヒーを提供するカフェのこと。さらにさかのぼると、（ブラジルの）サンパウロの人という意味。

□**ブルワリー**……醸造所。とくに、ビールの醸造所を指します。最近は、「ブリュワリー」とも表記します。

□**ホフブロイハウス**……ドイツ・ミュンヘンのビアホール。16世紀にバイエルン公の命で開設され、ブルワリーとして出発。その名は、もとは「宮廷の醸造所」というほどの意味。

□**マキアート**……少量のミルクを注いだエスプレッソコーヒー。イタリア語で「染みのついた」という意味で、少量注いだミルクが染みのように見えることから。

□**モヒート**……キューバ生まれのラムをベースとするカクテル。「モヒート」という名は、「魔法をかける」という意味のブードゥ教の言葉に由来するという説があります。

□**ロマネ・コンティ**……フランスのブルゴーニュ産の高級ワイン。「ロマネ」は古代ローマに由来し、「コンティ」は18世紀のコンティ公の名に由来。

美味しそうな「お菓子」と「デザート」についての言葉

□**クーヘン**……ドイツ語でケーキのこと。おなじみの「バウムクーヘン」は、輪切りにすると、年輪模様になることから、「バウム（樹木）のようなケーキ」という意味。

□**ザッハトルテ**……オーストリアのチョコレートケーキ。「ザッハ」は考案した菓子職人の名、「トルテ」は切り分けて食べる焼き菓子の総称。

□**サバラン**……ラム酒入りのシロップにひたしたケーキ。その名は、グルメとして知られたフランスの政治家・著述家だった、ブリア・サバランの名に由来します。

□**ドルチェ**……イタリア料理のデザートのこと。フランス料理で使わないように。

□**ジュレ**……フランス語で、ゼリーのこと。果物などのゼリーを指すことが多い言葉。

□**ショコラ**……フランス語で、チョコレートのこと。「ショコラティエ」はチョコレート職人。

□**パウンドケーキ**……カステラ風のケーキ。このケーキを作るとき、材料の小麦粉、砂糖、バター、卵を1ポンドずつ使ったことから、この名になったと伝わります。

□**パンナコッタ**……生クリームにゼラチンなどを加えたイタリアの菓子。イタリア語で、「パンナ」は生クリーム、「コッタ」は焼くこと。

□**フォンダン**……菓子用の糖衣。たとえば、栗を糖衣で包んだものが、「栗のフォンダン」。

□**ブラマンジェ**……素材をゼラチンで固めて冷やした白っぽいデザート。blanc-mangerと綴り、フランス語で「白い食べ物」という意味。

その「カラー」は、どんな色？

□**アースカラー**……地球らしい温かみを感じさせる色。特定の色を指すわけではなく、草木の緑色、大地の土色、空や海の青色などを指します。

□**ウルトラマリン**……群青色。その色の絵の具の素材が、遠く離れた場所から「海を越えて」やってきたことから、この名があります。

□**クリムソン**……赤紫色、えんじ色、深い紅色。綴りはcrimson。以前は「クリムゾン」と呼ばれましたが、原音に近づけて、近年は「クリムソン」と表記・発音されるようになっています。

□**バーミリオン**……やや黄みがかった赤。古いフランス語で、「明るい赤」を意味する言葉から派生した言葉。

□**マカロンカラー**……「マカロン」は、卵白と砂糖などからつくるカラフルな菓子。マカロンカラーは、そのマカロンの色のような、パステルカラーの総称。

使いこなせるようにしておきたいいろいろな言葉

□**メメント・モリ**……もとはラテン語で、その意味は「自分もいつか死ぬということを忘れるな」というあたり。中世から近世にかけての大きな哲学的テーマ。

□**コギト・エルゴ・スム**……フランスの哲学者デカルトの言葉で、「我思う、ゆえに我あり」と訳されます。近代的な人間観を一言で言い表した言葉。

□**ケセラセラ**……スペイン語で「なるようになるさ」という意味。1956年の米映画『知りすぎていた男』の主題歌から、日本でも有名になった言葉。

□**ゲネプロ**……演劇などで、本番間近に行う通し稽古。ドイツ語の「ゲネラール

プローベ」に由来する言葉で、「ゲネプロ」は日本の興行界だけで使われている
その略語。

□**シノワ**……フランス語で、中国の、という意味。「シノワズリー」は、中国の美術工芸品や中国趣味という意。「ヌーベル・シノワ」は、新しい中国料理という意味。

□**シルク・ド・ソレイユ**……世界的なサーカス団の名。フランス語で「太陽のサーカス」という意味。この「シルク（Cirque）」は「絹」ではなく、「サーカス」という意味。

□**セゾン**……フランス語で「季節」を意味し、英語の「シーズン」に相当する言葉。

□**ノワール**……フランス語で「黒」という意味。「フィルム・ノワール」は犯罪映

画、「ノワール小説」は犯罪小説。「カフェ・ノワール」はブラックコーヒーのこと。

□ヒストリア……ラテン語で歴史書のことで、英語のヒストリーのもとになった言葉。

□マチズモ……スペイン語で、男臭さ。「マチズモに溢れる作品」など。

□マリーシア……ポルトガル語で「ずる賢さ」を意味するサッカー用語。アディショナルタイムに入ってからの時間稼ぎなど、試合運びの巧妙な駆け引きを意味します。

特集3

「国名」「都市名」「地名」は正確におさえよう

◆きちんと覚えておきたい「国名」

×ウルグァイ↓ウルグアイ

南米の国。外務省、マスコミなどでは、大きな「ア」で統一しています。

△ギリシア↓○ギリシャ

外務省、駐日大使館、マスコミは「ギリシャ」に統一しています。ただし、「外国語表記に関する内閣告示」では、「ギリシア」を慣用的な書き方として認めています。

×キルギスタン共和国↓○キルギス共和国

中央アジアの旧ソ連の国。1993年に、キルギスタン共和国から、キルギス共和国に改名しています。

×グルジア↓○ジョージア

カフカス地方の旧ソ連の国。同国では2008年から、ロシア語由来の旧国名「グルジア」から、「ジョージア」への変更を各国へ要請。その後、「ジョージア」と呼ぶ国が増え、日本も2015年、「ジョージア」に正式呼称を変更しました。

×コートジボアール↓○コートジボワール

西アフリカの国。その国名は、フランス語で「象牙の海岸」という意味。フランス語では、象牙のことを「ivoire（イボワール）」というので、国名も「コートジボワール」が○。

×スワジランド→○エスワティニ

アフリカ南部の国。1968年、イギリスから独立したときの国名はスワジランドでしたが、2018年、現地語のエスワティニに変更。日本では2019年2月、法令上の変更が閣議決定されました。

×ダホメ→○ベナン（共和国）

1960年、フランスから独立したときの国名はダホメ共和国。その後、ダホメが国土南部の限られた地域の地名だったため、国土が面しているベニン湾にちなんだ名に変更しました。

×トリニダード・トバゴ→○トリニダード・トバゴ

カリブ海の島国。英語の国名は、Republic of Trinidad and Tobago。最後

の「ゴ」は濁ります。

×バングラデッシュ↓○バングラデシュ

インドの東隣の国。1971年、独立した頃は「バングラデッシュ」と呼ばれていましたが、これもその後、〝小さなッ〟を省くようになりました。

×マケドニア↓○北マケドニア

2019年2月、国名を変更。1991年の独立以来使っていた「マケドニア」という国名にギリシャが反対し、同国のEUへの加盟を阻止してきたため、妥協策として旧国名に「北」をつけたという次第。

△モルジブ↓○モルディブ

インド洋の島国。綴りはMaldives。以前は「モルジブ」と表記・発音されていましたが、今は「モルディブ」が主流です。

◆きちんと覚えておきたい「都市名」

×キエフ↓○キーウ

ウクライナの首都。ロシアのウクライナ侵攻に伴い、マスコミなどでは、「キエフ」（ロシア語由来）から「キーウ」（ウクライナ語由来）に変更しました。

×チューリッヒ↓○チューリヒ

スイス最大の都市。かつては「チューリッヒ」と〝小さなッ〟付きで表記・発音されていましたが、今は〝小さなッ〟を省いた、「チューリヒ」が主流になっています。

×バグダット↓○バグダッド

イラクの首都。綴りは Baghdād で、小さな「ッ」以外はすべて濁音。その意味は「神の園」。

×ハンブルグ→○ハンブルク

ドイツの港湾都市。Hamburgと綴るため、日本人は「ハンブルグ」と濁音で発音しがちですが、正しくは「ハンブルク」。他に、ニュルンベルク、ハイデルベルク、ザルツブルク、ルクセンブルクなどは、すべて「ブルク」と表記・発音します。

×ブタペスト→○ブダペスト

ハンガリーの首都。ドナウ川をはさんだブダ地区とペスト地区からなる都市。Budapestと綴り、「ブダペスト」が正解。

×ベニス→○ベネチア

イタリアの都市。「ベニス」は英語由来の名前で、今はイタリア語の音に近い

「ベネチア」が使われています。

×ボンベイ→○ムンバイ

インド中西部の都市。かつての英語名「ボンベイ」から、現地音に近づけ、表記が改められました。近年は映画制作で有名で、ハリウッドをもじって「ボリウッド」とも呼ばれます。

×ボゴダ→○ボゴタ

コロンビアの首都。Bogotá と綴り、最後の「タ」は濁りません。

×マドリッド→○マドリード

スペインの首都。綴りは Madrid で、以前、マスコミでは「マドリッド」と表記・発音していましたが、現在は「マドリード」にほぼ統一されています。

◆きちんと覚えておきたい「地名」

×エアーズロック→○ウルル

オーストラリアにある世界最大級の一枚岩。「エアーズロック」は、英国の探検家がつけた英語由来の名。今は、先住民が呼ぶ「ウルル」に変更されています。

△コーカサス→○カフカス

黒海とカスピ海にはさまれた地域。英語名（Caucasus）由来の「コーカサス地方」から、原音（Kavkaz）に近い「カフカス地方」に変わりつつあります。

×セレベス島→○スラウェシ島

インドネシア中部のローマ字の「K」のような形の島。日本では長らく「セレベス島」と呼ばれてきましたが、今は現地音に近づけ、「スラウェシ島」と呼ばれています。

×テームズ川→○テムズ川

英国南部、ロンドン市街などを流れる川。以前は「テームズ川」と表記されていましたが、今は原音に近づけ、「テムズ川」と表記・発音されることが多くなっています。

△トラック諸島→○チューク諸島

ミクロネシア連邦の火山島群。太平洋戦争中、日本海軍の前線基地が置かれた諸島。今は「チューク諸島」と呼ばれます。ただし、太平洋戦争などに関する歴史的叙述では、今も「トラック諸島」が使われています。

×ナイヤガラ→○ナイアガラ

アメリカ・カナダの国境にある滝。Niagaraと綴り、「ナイアガラ」と表記・発音します。

×ベスビオ山→○ベズビオ山

1世紀、ポンペイを埋める大噴火をしたイタリアの火山。Vesuvio と綴り、イタリア語の s 音は濁って発音することが多いため、日本のマスコミなどでは「ベズビオ」と表記・発音しています。

×ポナペ島→○ポンペイ島

ミクロネシア連邦の島。「ポナペ島」は、ドイツの支配期から日本統治時代の名称。今は、ポンペイ島と呼ばれています。

×マッキンリー山→○デナリ山

北米大陸の最高峰。かつては、アメリカ25代大統領マッキンリーの名で呼ばれていましたが、米国政府は2015年、現地で使われてきた名前「デナリ」に変更しました。

×マリワナ海峡↓○マリワナ海溝

太平洋西部にある世界最深の海溝。「海溝」であり、「海峡」ではないのでご注意のほど。

×リアス式海岸↓○リアス海岸

海水の浸食作用などによって生じる複雑な海岸線。かつては「リアス式海岸」と呼ばれていましたが、近年は「式」がとれ、「リアス海岸」と呼ばれています。

×ラバウル島↓○ラバウル

太平洋戦争中、日本海軍航空隊の前線基地のあったところ。「ラバウル」は、ニューブリテン島北部の港湾都市名であり、島名ではありません。だから、「ラバウル島」というのは間違い。

■コラム3■

「重複表現」に要注意のカタカナ語

×テニスコート場→○テニスコート

「コート」はもとは中庭のことで、今は「競技場」という意味で使われているので、「テニスコート場」は重複表現です。

×フラダンス→○フラ

「フラ（hula）」は、ハワイ語で「舞踊」や「ダンス」という意味。そのため、「フラダンス」は重複表現になります。

△IT（アイティー）技術→○IT

そもそもITとは、インフォメーションテクノロジーの略。情報技術という意味ですから、IT技術では、「情報技術技術」と言っていることになるのですが、そこに違和感を持つ人があまりいなかったからか、現在では、「IT技術」が、一般に定着しつつあります。

×ポタージュスープ→○ポタージュ

ポタージュ（potage）は、フランス語でスープという意味。日本でも「ポタージュ」と呼ばれることが多くなっています。

×リゾート地→○リゾート

「リゾート」は保養地のことなので、〝リゾート地〟は重複表現。

<ワ>

<へ>

<ホ>

<ヒ>

<フ>

<サ>

<シ>

大人がおさえておきたいカタカナ語・さくいん

＜ア＞

青春文庫

1秒《びょう》で覚《おぼ》える カタカナ語《ご》のスゴいあんちょこ

2023年9月20日　第1刷

編　者　知的生活追跡班《ちてきせいかつついせきはん》
発行者　小澤源太郎
責任編集　株式会社プライム涌光
発行所　株式会社青春出版社
〒162-0056　東京都新宿区若松町 12-1
電話 03-3203-2850（編集部）
03-3207-1916（営業部）
振替番号　00190-7-98602
印刷／中央精版印刷
製本／フォーネット社
ISBN 978-4-413-29835-3

ほんとうのあなたに出逢う　青春文庫

〝私の時間〟はどこに消えたのか
誰も教えてくれない24時間のすごい使い方

すぐに一日、気づけば一週間……
怖すぎる日常から、
やりたいことができる毎日へ！

ライフ・リサーチ・プロジェクト［編］

（SE-831）

「思考」の見晴らしが突然よくなる本

視点を変えれば、道は開ける。
パラパラ見ているだけで、行き詰まりを
チャンスに変える〝モノの考え方〟146のヒント

知的生活追跡班［編］

（SE-832）

他県が知らない県民の壁

県境を越えたら、そこは別世界
47都道府県の裏側、
ぜんぶ見せます。

ライフ・リサーチ・プロジェクト［編］

（SE-833）

頭が悪くみえる日本語

「めっちゃ」、「みんな言ってます」、
「こちらが資料になります」…
こんな口ぐせをやめるだけで知的になる。

樋口裕一

（SE-834）